Market Beyond the Sympathy

共感を超える市場

つながりすぎない社会福祉とアート

アトリエ インカーブ編著

まえがき

「共感の先にあるもの」

二〇一七年九月二四日、アトリエ インカーブ設立一五周年記念シンポジウム「アトリエ インカーブ・イン・アートフェアーズ　障がいのあるひとの創作と市場」を開催しました。本書はその講演録です。

アトリエ インカーブ（以下、インカーブ）では、一九歳〜六四歳の、知的に障がいのある二五名がアーティストとして創作活動を行い、スタッフがその作品を国内外の美術館やギャラリーへ橋渡ししています。ここ七年ほどは、作品売買の最前線の一つである、国内外のアートフェアへの出展に特に力を注ぎ、その売上をアーティストに還元しています。

一見、社会福祉とは縁遠いものに思える「市場」。しかし、これまで社会福祉の分野でも、市場がなかったわけではありません。障がいのある人がつくった、いわゆる授産製品と呼ばれる陶器や手芸品、クッキーやパンなどの食品。それらは「障がい者の社会参加」という名のもと、区役所のロビーや授産製品を扱う福祉ショップで販売されてきました。

そして、そのお客さまの多くは「共感的消費者」と呼ばれる人たちです。障がいがある当事者の家族や親戚、学校教員、施設の近所の人といった関係者や身近な人たちを主とし、障がいがあるにも関わらず＝障がいがあっても頑張って社会参加して商品をつくり、それを売る姿に「共感（あるいは同情）」して購入する人たち。商品の品質ではなく、「障がい者がつくった」という商品の背景に思い入れをもって購入するのが共感的消費者といえます。

たしかに、ものを売る上で消費者の共感を得ることは重要です。これまでの障がい者福祉の経済活動は共感的消費者によって支えられてきました。しかし他方で、障がいがある人に対する共感や同情ではなく、商品、あるいは彼ら、彼女らがつくりだすものそのものの魅力に眼を留め心が動き、購買意欲が刺激される人が集う市場があります。それが、インカーブがまさに今、フィールドとしている現代アートの市場です。

二〇一九年三月に開催されたアートフェア東京は、インカーブの七回目の出展となりました。私たちは出展当初から一貫して、「障がいがある人が制作した」ということを前面に押し出していません。何よりもまず作品を見てほしい。アーティストのバックグラウンド＝障がいは、お客さまから必要とされれば伝える。そのようなスタンスで七年間出展し続けていると、最近では作品を前にして障がいについて聞かれることはほとんどなくなりました。

アートフェアには、鋭い審美眼を持つアートコレクターや、初めて作品を購入しようとするアートファンたちが世界中から集います。ある人の眼に魅力的に映る作品も、他の人の眼にはそうは映らないことも当然ある。選ぶ眼は一つではありません。無数の眼があるのです。常に選択にさらされながらも、大きな包容力をもって受け止められる。それが、市場がもつ特徴でもあります。障がいや福祉への共感を超えた先の市場には、どのような景色が広がっていたのでしょう。それを本書でご紹介したいと思います。

本書ではまず第一章で、障がいとアート、市場が交差する局所的なテーマのシンポジウムを開催するに至ったわけを述べ、第二章からその講演録を綴っています。はじめに、インカーブの代表でクリエイティブディレクターである今中博之より、障がいとアート、市場が交差する領域を体現するインカーブを、なぜ立ち上げたのか、そこからこの分野の現状や課題を紐解きます。第三章では、経済学者で東京大学大学院経済学研究科教授の松井彰彦さんに、誤解を招きがちな市場や経済学について、童話を交えながら分かりやすく解説していただきます。第四章は、近年力を入れているアートフェアの会場に立つスタッフ林智樹と三宅優子から、アーティストの創作のサポートとアートフェアの実践について、現場の空気感そのままにお届けします。そして最終章の第五章では、松井さんと今中がこの分野の今後の広がりを見据えながら、ざっくばらんに語り合います。

本文に頷いたり疑問をもっていただきながら、障がいのあるアーティストたちが日々豊かに過ごすために本書を大いに活用いただけますと、心よりうれしく思います。

二〇一九年八月

神谷梢

目次

第二章

講演「アトリエ インカーブの立点」今中博之

第三章　基調講演「市場の力」松井彰彦

第四章　報告「国内外のアートフェア」林智樹・三宅優子

凡例

・今中博之及びアトリエ インカーブのスタッフによる発言部分では「障がい」「障がい者」に、松井彰彦さん発言部分では「障害」「障害者」に統一しています。

・シンポジウム当日に会場で上映したスライドショーの一部を改訂し、紙面上部に掲載しています。

装丁デザイン
八木良治（有限会社 八木デザイン）
絵 「コブラツイスト」新木友行

口絵
アート・オン・ペーパー（ニューヨーク・二〇一七）会場写真

本文デザイン　イラストレーション作成　写真提供
アトリエ インカーブ

第一章

「共感の社会福祉を超えたアート市場へ」神谷梢

障がいとアートが市場に接続する

現在の日本では「障がい者」はまだまだマイノリティであるとされています。障がいのある方の中でもアート活動を行い、しかも、作品を展示販売するギャラリーと契約したり、美術の見本市と呼ばれるアートフェアで作品を売買するなど、その活動が市場に接続している人となると、その数は一握りでしょう。このようなピンポイントのフィールドで活動しているのがインカーブなのです。

一方で、インカーブはアーティストに障がいがあることを前面に出していません。同じ現代を生きる人による「現代アート」として位置付け、ギャラリーや美術館、アートフェアといった場で、通常の美術品と同じように展示販売しています。

障がいとアート、市場が交差するこの領域は非常に狭い。インカーブは、誕生以来ずっと、この狭い領域に特化して活動してきました。インカーブがこれまで蓄積してきたノウハウや、事業を行う上での葛藤や喜びもあわせて包み隠さずお伝えすることで、この領域で活動する方々に何かお役に立てればと企画したのが今回のシンポジウムです。

美術館などで展覧会を開催するだけでは、アーティストに収入がありません。アートフェアをはじめとする市場に接続し、作品を販売することで、アーティストはその対価を得ることができます。そこでは、障がいの有無は関係なく、作品そのものの価値が問われ、値段が付くのです。

今回のシンポジウムは、そんな「市場」を切り口にして、東京大学大学院経済学研究科教授 松井彰彦さんをお招きしました。松井さんは、「弱肉強食」や「競争」のイメージがある市場は、一方で「自立」を助ける場でもあると語り、市場経済の視点から福祉の領域を見つめます。
障がいとアート市場が掛け合わされた時、社会福祉のフィールドを超えた別のジレンマが生まれます。

インカーブのアーティストには、とてもおしゃべりで自分の意見や主張を話し言葉や書き言葉で表現する人もいれば、それが難しい人もいます。社会福祉の領域では「主体は障がいのあるひと本人」とよく言われます。しかし、私たちスタッフは、言語では思いを伝えにくいアーティストのことを本当にわかっているでしょうか。わかろうと思っても、一〇〇パーセントわかることはできないと思うのです。インカーブのアーティストと日々接していると、そんな葛藤やもどかしさが生まれます。

一方で、誰にでも、アートを楽しむ自由があります。インカーブでは、アーティストがそれぞれのペースで、描きたい、つくりたいものを日々生み出しています。後述しますが、私たちスタッフはアーティストに対して「教えない」ことを肝に銘じているので、彼ら、彼女らは自らの「好き」という感情を動機にして制作しています。

しかし、自分のつくったものが作品として評価されたり、アート市場で売買されることを望んだ時、その道は誰にも確保されていないのです。アートは、選択や選抜されることから免れることはできません。美術館で展覧会が開催されるには、展覧会作家や出品作品として学芸員に選ばれる必要があります。ギャラリーで作品が展示販売されるためには、そのギャラリーのオーナーからのオファーなしには始まりません。二五名のアーティストが、同時に同列で展示され、同じ価格で売買されることは、アートに軸足を置くなら難しいのです。逆に言えば、美的評価がされるものには、それ相応の値段がつき、購入を希望する人が現れる。これは障がいのあるなしに関わらず、アート市場が公正であることの証といえるでしょう。

では、作品が未だ評価されない人、売れない人はずっとそのままなのか。そもそも、評価されたり売れることが良いことなのか。

一つ目の疑問には、シンポジウムの中で松井さんが答えてくださいます。「市場の匿名性」です。市場には選択肢がいろいろあり、「こちらがダメでもあちらがある」というように可能性が広がっているという考え方です。

ギャラリー インカーブ｜京都は、インカーブのアーティスト専属のコマーシャルギャラリー（作品の売買を行うギャラリー）です。ここでは、展覧会ごとにゲストキュレーターをお招きし、展示するアーティストとその作品を選んでいただきます。選ぶ眼が変われば、選ばれるアーティストも変わります。たくさんの「選ぶ眼」が存在するのが、市場の魅力なのです。

二つ目の評価されたり売れることが良いことかという問いには、「インカーブのアーティストは描くことやつくることが好きである」という答えに尽きます。インカーブは売れるアーティストを養成しているところではありません。インカーブのアーティストの中には、寝食のように日常生活の一部として、幼い頃から創作を続けている人がいます。中には、他の誰かに自分がつくったものを、見せたくない、売りたくないと意思表明するケースもあります。この場合、アーティスト本人が、外からの評価を求めていないことが多く、スタッフもその思いを尊重し、発表や販売はしません。

一方で、どんどん見せたい、たくさん買ってほしい、と願うアーティストがいるのも事実です。しかし、実際には、「展覧会をしたい」「販売したい」と思っても、前述のように選択と選抜から免れることができないアートの世界では、たやすくその願いを叶えることはできません。それは、障がいのあるなしに関わらず、アートの世界に身を置く以上は仕方がないことでもあります。

しかし、私たちスタッフは、「仕方がない」と言って終わりにするのではなく、アーティストの気持ちにできるだけ波風が立たないようにと考えます。ここに、アートと市場に社会福祉が掛け合わされる意義、障がいがある人によるアートが市場に接続する際の注意点があるように思います。

一度のアートフェアに出品できるアーティストは限られています。出番がくるまでに何年もかかるアーティストもいます。黙っていても悔しい思いをしているアーティストがいることを、私たちスタッフは知っているので、実際にアートフェアに一部のアーティストが出品できることが決まっても、スタッフはそれをみんなの前で喜ぶことはしません。また、一度作品が売れたからといって、次からもコンスタントに売れるとは限らないので、「次はいつ売れるか分からない」ということをアーティストに伝えます。本当は、スタッフも大げさすぎるくらいに喜びを表現する方が、アーティストもその時のうれしさを実感するのかもしれません。でも、次の「その時」がいつまでも来なかったら？　その落ち込む様子を想像すると、劇的な喜びがなかったとしても、心に波風が立たずに平坦で穏やかな日が続くといいと思うのです。

障がいのある人によるアートが市場と結びつくからこそ、世界が広がるのも事実です。今回のシンポジウムを一冊の本にまとめることで、市場への誤解を解き、障がいのあるアーティストの活躍の場が広がる一助になればと願います。

障がいを観点変更する

松井さんはこのシンポジウムの基調講演で、「障害と障がい」について触れています。松井さんが所属する「障害と経済」をテーマとする研究チームでは、「障害者」というように、「害」の漢字を使用しているそうです。「『障害者』というのは、その個人の属性ではなくて、その社会の障害に直面している人」であり、すなわち「障害は社会の側にある」ということが「害」の字に込められています。

これは「社会モデル」と呼ばれる考え方です。障がい者が直面する社会的な障壁は、社会の側に起因する。これと対になるのが「医学モデル」です。障がい者が社会的に不利な場面に遭遇した時、それは個人の障がいに因るという考え方です。

インカーブも「社会モデル」の考え方です。いわゆる健常者の社会に照らし合わせて、できないことばかりを挙げて矯正するのではなく、その人が得意なことや好きなことに注目し、それを発展させたり続けられる環境づくりをする。同じ人や物事に対して視点を変えて見る「観点変更」は、インカーブの重要なキーワードです。

「自分には何も障がいがない」と言い切れる人はどれだけいるでしょうか。松井さんは、福祉の分野でよく使われる「自立」という言葉についても、市場経済の視点から「観点変更」の問題提起をしてくださいます。誰にも何にも依存しないのが自立というわけではない。自立するためには、依存先は多いほうがいい。哲学的な問答のようにも思えますが、基調講演の中で松井さんがその真相を語ってくださいます。

松井さんは今中との対談の中で、「福祉も教育も、同じ」と語ります。言葉での表現が難しいアーティストの意思を確認する時、彼ら、彼女らの心の底、本心まで分かりきることはできない。本当は何も知らないのではないか。私たちスタッフは悩みます。松井さんは、大学の指導教員と学生という立場を、これになぞらえます。学生に知的な障がいがないからといって、心を開いて本心を語っているかというと、それは別問題。そもそも人は、お互いをわかり合うことができるのか。

障がいは特別なことではなく、誰しもの身近に同じ問題が潜んでいる。それに気付かされた途端に、一部の限られた人の他人事だと思っていたことが、急に普遍性を帯びて、自分事として感じられるようになるのです。

二〇〇九年ベネチア・ビエンナーレの日本館コミッショナーを務め、ハンセン病療養所で暮らす人々の作品を展覧会で取り上げるなど、時代や社会とアートが交錯する地点を積極的に世に問うてきた南嶌宏さん（一九五七－二〇一六、元女子美術大学芸術学科教授、元熊本市現代美術館館長）は「復讐」という言葉を使いました。「社会福祉施設の描かれた絵を売るということに対しての、根拠なき後ろめたさというものが社会に蔓延している。しかし、それに対して、今中さんは、それを資本主義そのものに突き返している。この作品がニューヨークのギャラリーで一点二百数十万円で売れる。そのどこが悪い？」「アトリエ インカーブのアーティストの作品も、初めそうした人たちの営みについて、私は無意識にそれをどこかでネグレクトしていた。無意識においてもネグレクトしてきたものに対して復讐はされる。でも、その後、その復讐を受け止めることによって僕は救われるという感覚というのは、美術においても、人間においても、社会においても、僕自身で今のありようを楽にしてくれているなという実感があります。」（今中博之『観点変更―なぜ、アトリエ インカーブは生まれたか』創元社、二〇〇九年）

実際、インカーブのアーティスト寺尾勝広さんの作品は、障がいの有無に関係なく、現代アートのアートフェアに出品され、二メートル角のキャンバス作品は四〇〇万円近くの値が付き、何点も売れています。松井さんも「障害があっても物が良くないとお金は払えませんよ」と認めます。

障がいのある人がつくる製品は、授産製品などと呼ばれ、「はじめに」でも書いたように、完成品としてのクオリティの高さよりも、同情に近い共感や思いやりのような感情に動かされて購入されることが少なくありません。しかし、同情としてだけでは購入することができないような高値の作品であっても、それが欲しいと心から思えるものであれば、人々はお金を払って手に入れようとするのです。信念をもって、美術品としての価格をつける。そうすることで「障がい者がつくった」という枕詞を必要としないアートとして羽を広げるのです。

支援者・教育者としてのアーティスト

ここでは、インカーブのアーティストのことを述べたいと思います。しかし、私はスタッフとして日常生活を共にしているので、どうしても主観的なエピソードが多くなってしまいます。それはそれで、人間味があってよいのかもしれませんが、インカーブの「外」からの言説や出来事からできるだけ客観的にアーティストの魅力をお伝えしたいと思います。

二〇一八年六月、二五〇年間脈々と開催されてきたイギリスの「ロイヤル・アカデミー・オブ・アーツ　サマー・エキシビション」に、インカーブのアーティスト新木友行さんの作品が展示されました。世界各国から一万二〇〇〇点もの作品が集まる世界最古の公募展で、審査委員長は現代美術家のグレイソン・ペリー氏。入選した約一二〇〇点が一堂に展示され、観客は展示された作品を購入することもできます。広大な会場に展示された新木さんの作品は、当然に彼の障がいの注記が付されることはありません。もっと言えば、作者の性別や国籍さえも問われることはなく、ただ目の前にある作品をどう評価するか。その一点にかけて、審査は研ぎ澄まされているのです。

インカーブのアーティストとスタッフは、支援をする、されるという矢印が一方向に固定されていません。私は、双方のできることとできないこと、得意なことと苦手なことを補完しあうイメージを持っています。創造性に長けたアーティストと、デザイナーとしてその作品を的確に世に放とうとするスタッフ。癒し癒されるというのとは違い、互いの持てる能力を出しあい、世に問うています。

服部正さん（甲南大学文学部人間科学科教授）は、それを「相互支援」と表現します。「膝が痛い人の芸術がないように障がい者の芸術もないという主張は、社会における障がい者、非障がい者という固定的な区分の不合理さを指摘するものだ。（中略）それは、私たちに多様性への理解と尊敬、あるいは畏怖を求めるだけでなく、これまで被支援者と思われていた人が実は私たちの精神の支援者であるという点で、双方向的な支援によるインクルーシヴな社会のあり方を提案するものではないだろうか。」(「膝が痛い芸術家―アール・ブリュットは支援概念になり得るのか」『心の危機と臨床の知』一七号、甲南大学人間科学研究所、二〇一六年)

前述のインカーブのアーティスト寺尾勝広さんは、二〇〇四年に金沢美術工芸大学の授業に、非常勤講師として登壇しました。登壇したといっても、講義形式の授業ではなく、寺尾さんが制作しているところを、学生の皆さんに生で見ていただいたのです。

お父さんが経営する鉄工所で溶接工として長年働いた寺尾さんは、自分の作品を「図面」と呼びます。鉄工所時代のユニフォームに身を包み、「鉄が好きだから」という一心で、目の前で脇目も振らず「図面」を描く寺尾さんの姿に、美大生たちは激しく心を揺さぶられます。自分はなぜ美術の道に進んだのか。描くことが好きだったはずなのに、今は教授の顔色を伺いながら筆を動かしているのではないか。自分は何のためにこの大学に来て、描いているのか。美大生たちは寺尾さんを鏡にして自分自身に問いかけます。寺尾さんは「好きだから描く」という、とても私的でシンプルな行為を通して、美大生に「教育」を行ったのです。

この当時の金沢美術工芸大学デザイン科視覚デザイン専攻教授、秋草孝さん（一九四三－二〇一七）は、『見えるアイデア』（毎日新聞社、二〇〇八年）を著すなど、「アイデア教育」に情熱を注がれていました。著書の中で、「アイデアとは、ある共通認識に、新たな意味のある変化をもたらし、結果として、なるほどを生むことである」と述べています。知的障がいのある人は、その障がいゆえに何もできない人ではない。中には、とてつもないエネルギーで創作にむかうという「才能」を授かった人がいて、教育と組み合わせることで見たこともない化学反応がもたらされる。秋草さんはインカーブのアーティストと活動に、障がい者、健常者という固定概念を覆すアイデアの本質を見ていたのだと感じます。

アートと社会福祉の両輪をたずさえるスタッフ

インカーブのスタッフは、学芸員と社会福祉士の両方の資格を、基本スペックとして備えるようにしています。何のための資格か。私自身は、アーティストへの敬意の表明として、これらの資格を捉えています。彼らが生み出すものは美術作品として取り扱われるものであり、保管や展示をするためにも専門的な知識が必要。アーティストには知的障がいがあるということも事実であり、彼ら、彼女らの心と体のケアに力を注ぎ、社会福祉を取り巻く情勢に目を凝らすことも怠らない。アートと社会福祉の両輪をバランス良く走らせるために、この二つの資格を、基本的な素養として身につけておきたいと思っています。

「社会モデル」は、障がいのある人が生活をする上での障壁が社会の側にあると考えていることは先に述べました。とはいえ、健常者と呼ばれる人が大半を占める現状の日本の社会では、知的に障がいのあるアーティストたちが不便な思いをすることが多いのも事実です。気持ちのおもむくまま描いた大量の絵をどのように保管するのか。その絵を「買いたい」という人が現れた場合、売買の交渉は誰がどうするのか、など、アーティストだけで解決するのは困難です。そこをカバーするのがスタッフの役割です。

インカーブではどのような絵画指導をしているのかと聞かれることがありますが、スタッフは指導や教えるということを一切していません。アーティストのクリエイティビティを目の前にして、私たちスタッフは何も教えることはなく、ただ圧倒され、「かなわない」という心地よい敗北感を味わいます。

スタッフに求められる最も大きな資質は「待つことができること」と言えるかもしれません。アーティストの筆が止まる時も、描きたくなるまで待つ。「早く」「急いで」はご法度です。先日、約五年ぶりに画用紙に色鉛筆で線を引いたアーティストがいました。また別のアーティストは、画面いっぱいに一年がかりで描いた鉛筆の下描きをためらいもなく消し去り、それを何度も繰り返すので画用紙が破れてしまいました。けれど、私たちは待つのです。

アーティストに「待つ」という姿勢で対峙できるのは、スタッフにアートとデザインの素養が備わっているからです。「障がい者であっても、健常者と同じように、より早く、より多く」と生産性とスピードを求めては、この活動は成り立ちません。

そして、おもしろい作品、美しい作品を生み出すのは、インカーブのアーティストだからというわけではありません。自宅や福祉施設で創作する人は、日本全国にいます。彼ら、彼女らがつくるものを、どのように保管し市場につなげていくのか。それは、家族や施設スタッフを含む、周囲の人の力量に依るところが大きくなります。

しかし実際には、問題意識は持ちながらも、アートとデザインの素養がないために、家族や施設スタッフではできることに限界があります。インカーブも、決してトントン拍子ではない一七年間に経験が積み上がってきました。今回のシンポジウムの中で、スタッフの林と三宅がアートフェア出展の実務的なことをお話しさせていただきました。出展の手法だけでなく、アーティストの創作への対峙の仕方や、どのような日常生活を過ごしているのかに至るまで、ご家族や施設スタッフの方に参考にしていただけるものがあれば幸いです。

閉じながら開く

「閉じながら開く」という言葉は、インカーブ設立当初からスタッフが携えている言葉です。「市場に接続している」というと、インカーブは常にオープンな姿勢で、獲物を狩るように前に突き進んでいるように思われるかもしれません。しかし、ここには二つの誤解が含まれています。

一つは、市場というものが弱肉強食の闘争の場であるかのようなイメージです。これについては、シンポジウムの本編の中で松井さんが紐解いてくださいます。もう一つは、インカーブは常にオープンではなく、アートフェア出展など外向きの活動は全体の一、二割であり、残りの八、九割は日常生活をいかに平穏に安全に過ごすかに重きをおいているということです。福祉＝しあわせに携わるスタッフとして、「描くこと、つくることが好き」という二五名のアーティストが心穏やかに過せる日常を確保するというのが、その役目の第一義です。

そこを基盤としながら、「誰かに見てもらいたい」「売れるとうれしい」という、アーティストからの外向きのベクトルにも応えるべく、展示販売の場を探っていきます。発表の場は、ギャラリー　インカーブ｜京都での展覧会以外は、年に二回ほどのアートフェアに出展しています。準備期間はフェアの規模にもよりますが、一回あたり二ヶ月ほど。シンポジウムの中で、スタッフの林と三宅から、フェアに向けてどのような準備があるか、資料を交えながらお話ししています。

フェア出展のように外に開いてばかりでは、スタッフの動きも慌しくなり、その気持ちのざわめきがアーティストにも波及してしまいます。野球好きの今中いわく、「確実にホームランを狙える球」を見極め、むやみにバットを振らない、冷静な判断力も求められます。つまり、良い成果（それは金額の多寡だけでなく、ギャラリーの実績や今後の評価につながり得る有形無形のもの）が得られると見定めたフェアだけに出展し、あとは意図的に見送り、体力を温存するのです。

このように、開きっぱなしではなく、いつもは閉じているけれど、たまに開く、くらいがちょうどよさそうに思っています。

二〇二〇年に開催される東京オリンピック・パラリンピックに向けて、「多様性」「ダイバーシティ」が盛んに謳われています。経済界では、女性や障がい者など、いわゆる社会的マイノリティーのそれぞれの違いを受け入れ、なおかつそれを価値として生かし、企業の競争力につなげようとしている向きもあります。けれど、人は誰かに「活用」されるものではなく、「世の中にはいろんな人がいて、それぞれがありたい姿でいられる」という認識を皆がもつことがダイバーシティなのではないでしょうか。

そもそも世の中には、二人として同じ人はいないのです。インカーブは、障がいとアートという旗印のもと、二五名のアーティストと十数名のスタッフが集まるとても小さな団体です。こんな少人数でも、創作へむかう心持ちや障がいの具合はみんな違います。扉を閉じることで深く内部を探求することにつながり、結果として成熟へと向かうのではないでしょうか。

そして、自分たちの領域は守りながら、手をたずさえることがあれば、つながっていけばいいのだと思います。つながることに消極的であることで、かえって、個人や団体の個性や特徴を鋭敏化させる。それぞれが融合したり慣れあったりできないほど個性や特徴が強化されれば、お互いの距離を保ちながら、尊重しあうこともできるはずです。それこそを、ダイバーシティと呼びたいと思います。

インカーブを概観すると、日常はとても閉鎖的にみえる一方で、市場に積極的に進出するという、相反する印象が交錯しているようにみえると思います。次章以降はシンポジウムのすべての講演録です。障がいと市場、アートがどのようなバランスで成り立っているのか。設立以来の葛藤と喜びはどのようなものなのか。インカーブを分解したり組み替えることで、皆さまに活用していただけることを願っています。

シンポジウムにて 今中博之氏

第二章

講演「アトリエ インカーブの立点」今中博之

アトリエ インカーブの設立前夜

今日は、「社会福祉と市場」というテーマのなかでも、特に「障がいのあるひとの創作と市場」について、お話を進めていきたいと思います。

二〇〇二年にインカーブが設立されて、今年二〇一七年で一五年目になりました。実は、それ以前に、「アトリエ インカーブ」の前身となる活動がありました。当時どのような状態で行っていたのかというのをみなさんに見ていただきたいと思います。

大阪市の無認可作業所として運営していました「アトリエ万代倉庫」。これが

インカーブの前身である
無認可作業所アトリエ万代倉庫

「アトリエ　インカーブ」の前身です。木造の倉庫を借りて改装し、六畳二間ほどのスペースで障がいがある方の創作活動をスタートしたのが、もう二〇年近く前です。

それから、社会福祉法人格を取得して、大阪市平野区に移転、現在の「アトリエ　インカーブ」になりました。作業所時代から通算して約二〇年間、やっていることは全く同じです。知的障がいのあるアーティストが制作し、スタッフはその環境を整える。

今日、この会場には、障がいがあるアーティストもいらっしゃると思います。同伴されているスタッフ、また、そのスタッフを雇用されている施設側の方も参加されています。あとは、福祉系の大学の教員や、芸術系、デザイン系の方。みなさん福祉やアートに関心、関係のある方ばかりなので、ちょっと込み入った話もさせていただきます。

最近、障がい者アートというのが非常に注目を集めています。どうして注目されるようになったのか。すこし、振り返ってみたいと思います。

2011年	障害者基本法改正
2013年	障害者総合支援法
2014年	障害者権利条約批准
2016年	障害者差別解消法
2017年	文化芸術基本法改正
2018年	障害者文化芸術活動推進法

なぜ、障がい者の創作活動が注目されてきたのか

私がいつも起点に置くのは、二〇〇六年に国連で採択された「障害者権利条約」です。どういう項目に注目しているかというと、三十条「文化的な生活、レクリエーション、余暇及びスポーツへの参加」の二項に、こういう一文があります。「自己の創造的、芸術的及び知的な潜在能力を開発し、及び活用する機会を有することを可能とするための適当な措置をとる」。日本はこの条文を含めた権利条約を批准することに向かいます。

そして、二〇一一年に「障害者基本法」が改正されます。「障害者基本法」というのは我々障がい者の憲法みたいなものですね。二〇一三年に「障害者総合支援法」が施行され、二〇一四年には、先ほどご紹介した「障害者権利条約」を日本が批准しました。それ以降も、「障害者差別解消法」が施行されました。ここまでは厚生労働省関係ですね。文化庁のほうに目を移すと、二〇一七年度は「文

化芸術基本法」が改正されました。さらに今、非常に注目されている「障害者文化芸術活動推進法案（当時）」が、超党派でこの秋の臨時国会に提出しようとしています。（二〇一八年六月「障害者による文化芸術活動の推進に関する法律（障害者文化芸術活動推進法）」として施行）

こういう形で、国連で採択された条約に対して日本はこれらの国内法を整備し、障がい者の芸術活動の推進体制を整えていきます。

法律は最大の環境整備だと言われています。バリアはそこかしこにありますが、それを解決していくには、法を整備していくことが当然必要なんです。

障がい者の創作活動における国の動向

「障害者文化芸術活動推進法案（当時）」は、議員立法として、この秋の臨時国会に上げられるのですが、私も含めて、民間人で関与している方は非常にすくないだろうと思います。そもそも議員立法は、関係する政治家と関係する団体で法

2007年	次官勉強会
2007年	障害者アート推進のための懇談会
2013年	障害者の芸術活動への支援を推進するための懇談会
2015年-2018年	2020年東京オリンピック・パラリンピック競技大会に向けた障害者の芸術文化振興に関する懇談会

律をつくって、それ以外にはオープンにできないというルールがあるそうです。なので、我々にはこの中身はなかなか届いてきません。歯痒いところですが、ただ、「法律は最大の環境整備である」ということは間違いないです。

これをもうすこし、障がい者のアート活動に焦点化してみます。私が起点になったと思う「会議」は、二〇〇七年の「次官勉強会」です。これは、厚生労働省、財務省等々の事務次官が集まる非公式のミーティングです。それに私が呼ばれて、「障がい者の方々の創作活動は、これからどういう方向に進めたらいいか、忌憚のない話をしてください」と言われました。私は、それまでは厚生労働省だけが旗を振っていたこの分野に、文部科学省や文化庁という文化関連の機関に参入していただき、福祉と文化の両輪で進めていただきたいとお話をしました。

厚生労働省のフットワークがとても良くて、次々にいろんな懇談会がスタートしました。二〇〇七年の次官勉強会と同年度に、「障がい者アート推進のための懇談会」、そして二〇一三年にも同様のものが開かれました。

会議の名称はすこしずつ変わっているのですが、中身はだいたい同じです。障がい者のアート活動をどのように推進するのか。障がい者アート、アウトサイダー・アート、アール・ブリュット、現代アートなどの言葉をどう整理するのかという話です。流れが大きく変わったのは、二〇一五年からです。「二〇二〇年東京オリンピック・パラリンピック」がキーワードになりました。文化庁の平成三〇年度予算概要を見ても、この文言はたくさん出てきます。厚生労働省もしかりです。

現在、二〇二〇年の東京オリンピック・パラリンピックに向けて、障がい者アートはバブル状態です。さまざまな委託事業、補助事業があります。インターネットを覗けばざくざく出てきます。

その中で、唯一、話題にあがっていないのは、今日議論したい「作品の市場化」です。作品を愛でるだけ。海外に行って展覧会をするだけ。それでは、アーティストは食えない。生業《なりわい》がなかったら食えないですね。アーティストは、霞を食べて生きているわけではないということを強調したいと思います。

その点をふまえて、「アトリエ インカーブ」は、この一五年間どのように活動をしてきたか。そして、最近どういうことを行っているのかということを動画で見ていただきたいと思います。

作品制作と日常生活が共存するアトリエ インカーブ

（動画が始まる）

大阪市平野区の田んぼの真ん中に「アトリエ インカーブ」は建っています。今、アーティストは二五名、スタッフは常勤が一〇名、非常勤が二、三名で活動しています。二階、三階がアーティストの制作スペースになっていて、比較的小さい作品を描かれる方はテーブル一つですし、イーゼルを立てる方や大きいスペースを必要とされる方もいらっしゃいます。オープンな雰囲気のスペースもあれば、パーティションを立ててセミクローズドにしているところもあります。アーティスト同士の相性も考えながら席を配置して、様子を見ながら席替えをすることもあります。

食堂もあります。コックさんがつくってくださるお昼ごはんは、いつもおいしいです。

アーティストもそうですが、スタッフもオープン当初とメンバーはほとんど変わりません。辞める方がいないし、定員上限いっぱいです。そんななか、問題が一つ。もう私は今年、五四歳です。インカーブがスタートした時は三九歳だったんですが。スタッフも三〇代から四〇代が多くなってきました。アーティストもそうなんです。高齢化に伴う問題を、これからどうしていこうかと、悩ましく思っています。

インカーブではスタッフによる教育や管理は皆無で、アーティストは描きたい時間に描いていらっしゃいます。多作な方もいれば、二年ぐらいまったく描かない方も。で、ある日突如描きだす。そしてまたパタッとやめる。反対に、毎日描かれる方もいらっしゃいます。

当然、我々は作品に何も手出しをしません。作品のアーカイブをつくり、それをどうアウトプットするか。展覧会のDMのグラフィックをどうしようか、印刷の仕上がりは、といったことをスタッフと話します。

また、スタッフとインターンの間で輪読会をやっています。論文や本を一つ取り上げて、全員で読み、議論を交わします。日常の業務だけだと、頭が凝り固まることがありますので、考えを整理して論文を書き、自分の言葉で話していくトレーニングをしています。

アーティストは、朝から午後三時頃まで制作を行っています。なかには、四時、五時までやる方もいらっしゃいます。インカーブが開いている時間に、描きたいモチベーションが上がったときに制作をするというのが基本です。日曜は完全に休んでいますが、月曜日は不定休です。

ここからは四名のアーティストをご紹介します。二〇一七年三月に東京とニューヨークのアートフェアに関連する図録『アトリエ インカーブ・イン・アートフェアーズ』をつくりました。後ほど、スタッフからもそのご報告をしますが、この図録に掲載されている四名のアーティストです。

まずはお馴染み、「新木画伯」です。新木友行さん。もうすっかり有名人でして、フェイスブックのお友だちの数は一〇〇〇〇名を超えたそうです。彼はモチーフである格闘技が非常にお好きです。実際にボクシングの試合観戦にも行かれますし、自分でもトレーニングをしています。最近は、腹筋が三段に分かれたということを自慢しています（笑）。

次は、阪本剛史さんです。今日ご紹介する四名の中では一番の若手で、今伸びしろいっぱいの方です。くだものや動物などをハイブリッドに合わせてオリジナルのキャラクターを生みだしていくという制作をされます。初めは、一つの画面に一体のキャラクターを描くことが多かったのですが、最近はそのキャラクターが何体も集まってきて、お祭りをしたり、遊園地に行ったり、そういう作品が多くなりました。彼の場合は、今日ご登壇いただく松井さんも作品をご購入くださったのですが、大きい作品を描けば、ほとんど売れてしまうという新進の芸術家です。

次の方は、新木さんと同様にもうお馴染みですね。寺尾勝広さんです。彼のテーマは、鉄骨の図面です。彼はこれを「絵画」とは呼びません。鉄骨の「図

新木友行さん

阪本剛史さん

面」です。彼の作品を初めて日本で発表した時は、全く見向きもされませんでした。けれども、作品がニューヨークで展示され、日本の美術館でも展覧会が開催されるようになり、インカーブの前身の万代倉庫の頃から数えると、描き続けてもう一七年、今では二メートル角の作品が約四〇〇万円になりました。そしてこれほど高額な作品でも、国内外の方々に購入されてほとんど手元にはありません。

最後に寺井良介さん。彼も非常にシンプルな絵を描かれます。得意なのは、色鉛筆を使った作品です。彼のテーマは野球です。動物やインテリアなど、一見すると野球とは無関係なモチーフなのですが、海外の野球チームの名前から想像をふくらませています。

使用される画材については、インカーブに来てすぐに決まる方もいれば、何年もかかってようやくたどり着くという方、インカーブに来られる前からずっと同じ画材という方もいらっしゃいます。社会福祉法人のいいところは、生産性だけを追い求めるのではなく、それを待てるだけの税金が投入されている団体だとい

寺尾勝広さん

寺井良介さん

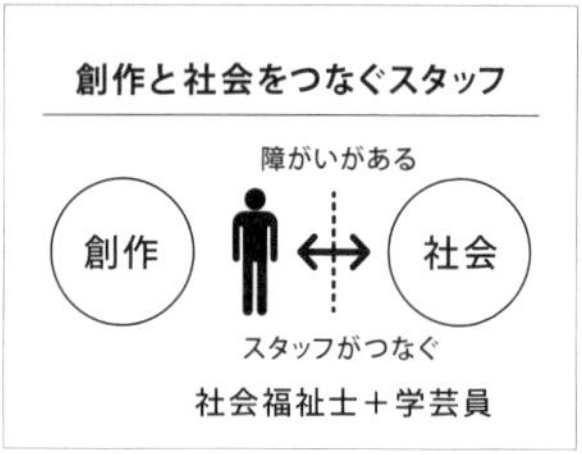

うことです。それが、やっぱり私たちの団体の優位性であろうと思います。

アーティストと社会をつなぐスタッフ

このような活動で一番大切なのは、スタッフです。スタッフの力量次第で、市場との結びつきが可能になったり、ならなかったりします。

障がいのあるアーティストや作品への偏見があります。「障がい者がつくったのなら買わない」という方もいらっしゃいます。それを、どういう形で解除していくかというのは、スタッフの力量次第です。

インカーブでは、こうあってほしいというスタッフ像があります。基本は、社会福祉とアートの両輪だということは先ほど申し上げました。現在、インカーブの正規スタッフ一〇名中六名は社会福祉士と学芸員の両方の資格を持っています。後の四名は、学芸員のみ持っているのが二名、もう一名は大学に通って勉強中です（二〇一九年七月現在、社会福祉士と学芸員の両資格取得者が八名、一名は社会福祉士資格取得に向けて勉強中）。

「たかだか資格」「取ってどうするの」ということをよく言われます。けれども私は、野球でいえばキャッチボールのような、最低限の、とてもベーシックな「学び」だと考えています。まずは社会福祉士と学芸員の資格を取ってから、インカーブ本来のお仕事がスタートします。

アーティストと作品をどうアウトプットするか

作品が売買されている方、市場に出ている方は、二五名のアーティストの中で六、七名です。そのほかの方のお給料を確保するために、スタッフがアーティストの作品を使用したグッズをつくって、それを全国各地のミュージアムショップやセレクトショップなど約五〇店舗で取り扱っていただいています。

作品の場合は、作品販売価格から諸経費を引かせていただいて、残り全額をその作品を制作したアーティストにお渡しします。一方でグッズの場合は、売り上

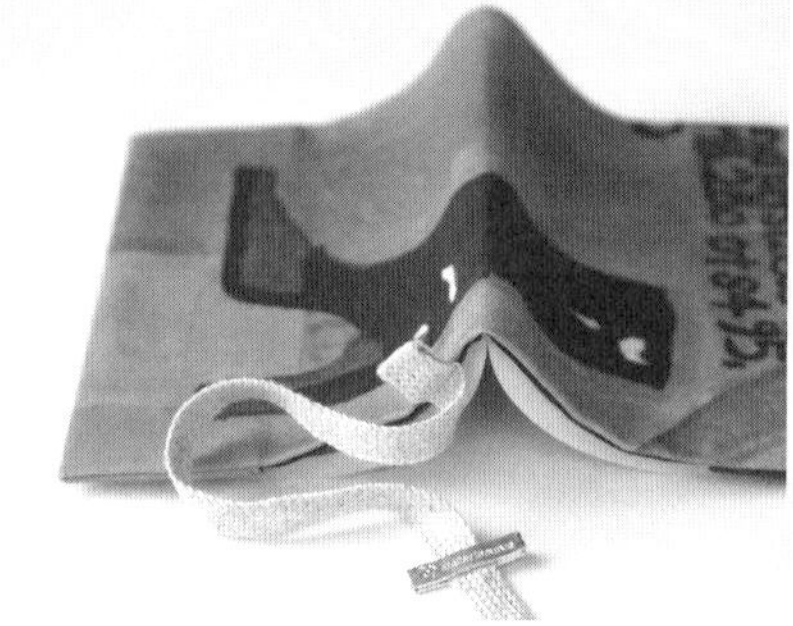

オリジナルグッズ

げから同じく経費を引き、残った利益の部分をアーティストの人数である二五で割った金額をお渡ししています。

二〇〇五年にニューヨークのソーホーにあったフィリス・カインド・ギャラリーで展示をしたのが、インカーブの展覧会のスタートです。日本で起点になったのは、二〇〇八年のサントリーミュージアム［天保山］での展覧会です。このミュージアムは今はもうなくなりましたが、ここでインカーブの作品を知ったよと言ってくださる方が多いですね。

二〇一二年に東京オペラシティ アートギャラリーで展覧会をしました。美術館での展覧会はこれが最後です。会場が広かったので、それまで展示できなかった寺尾さんの大きな作品も展示をさせていただきました。

そして、今日の主題に近づいていきます。京都にインカーブのアーティストの作品を展示販売する「ギャラリー インカーブ｜京都」があります。ここでは、あえて美術の専門家が作品を選ぶのではなく、異分野で活躍する方に外部キュレーターとして展示作品を選んでいただく、展示構成を考えていただくという形

東京オペラシティ アートギャラリー

ギャラリー インカーブ｜京都

式をとっています。

二〇一〇年のオープニングの展覧会でキュレーションをお願いしたのは、今日も会場に来られていますが、ファッションのデザイナーの方です。新木友行さんの展覧会を企画していただきました。二回目の展覧会は広告関係のディレクターの方がキュレーションしてくださり、武田英治さんの書を選ばれました。

その方が作品を愛でて、それに市場価値をつけていく。私は、アートというのは、これくらい自由だと思うんです。評価軸をアカデミックなものからずらしていくという実験的なことをやっています。

そして、今日の本丸、アートフェアです。初出展は、二〇一二年に開催されたアート京都です。海外のフェアは、二〇一五年のスコープ・ニューヨークが初めてです。後ほどスタッフがフェアの報告をしますが、海外は輸送も大変、展示も大変です。

市場は作品を「価値化」する

福祉サイドからすると、市場というものはとても怖い感じがすると思います。以前は私もそのように感じていました。魂を持っていかれるのではないかというような印象です。これまでインカーブでは、国内外合わせて一一回のアートフェアに出展してきました（二〇一九年七月現在一四回）。実際に出展してみて感じたのは、「市場は作品を価値化する」ということです。

また、インカーブは市場に対して障がい者アートと表明して参加するわけではありません。それはなぜかというと、市場で問題になるのは作者の属性ではなく、作品の質だと思うからです。現代人がつくるアートですよ。そこに男女差別もないですよ。身長の高低もないでしょう。私たちは現代で同時に生きている。同時代に生きているアートですよということを、「現代アート」として表明しています。

また、作品をご家族で保存したいという方もたくさんいらっしゃいます。それもごもっともです。誰かに見せるのさえも拒む。それもありだと思います。ただ、ご家族が作品をそのままのクオリティで一〇〇年間も保存できるか。それで作品としての価値が上がっていくかと問われると、なかなか難しいですね。市場でいろんな方に愛でていただいて、手から手へ渡っていき、価値が上がっていくというのも、一方向にはあるように思っています。

ただ、インカーブでは全て市場化するかというと、そうではなくて、作品を人に見せたくないという方もいらっしゃいます。販売もしたくないという方も。そういうご意思を持っている方は、当然それを守っていく。一方で、作品を売りたいという方もいらっしゃる。市場化というと、インカーブは全部売るのかなと思われることも多いのですが、そうではないということをご理解いただきたいと思います。

民間の視点から社会福祉を見る

「インカーブというのは、どういうところですか」という質問もいただきます。「民間のギャラリーですか」「何か怪しい団体ですか」と。我々は社会福祉法人です。今日も会場に社会福祉法人の方がたくさんお見えです。我々は、介護給付費という公の財源を使って運営をしています。

私はもともと株式会社乃村工藝社で空間デザインの仕事をしていました。インカーブの立ち上げにあたって、スタッフを雇用する時に、社会福祉関係者ではなく、デザインやアートの分野の人間を集めて活動したいと思っていました。具体的には、油画、金工、石彫、版画、グラフィックというふうに、専門分野がかぶらないように集めました。

社会福祉というものがまったくわからなくても結構。今中の障がいがわからなくても結構。ダウン症とは染色体異常が原因の障がいだなんて初めから知っておく必要はない。お付き合いする中で、今中は階段が登られへんのやなあと分かったり、一緒に飯を食いながら、徐々に気がつけばいい。社会福祉とは違う分野からスタッフを集め、真っさらな気持ちで障がいのあるアーティストと対峙していってほしいと思いました。それを、松井さんは、「新しい公と民のコラボレーションではないか」と新聞に書いてくださいました。

山高ければ、裾広し

社会福祉というのは、特に行政はそうなんですが、薄く、広く、平等に、が基本です。宿命のようなものですね。悪くはないと思います、水平方向。ただし、先ほど見ていただ四名のアーティストはとんでもない力を持っているのです。私よりもはるか上。垂直方向です。その垂直方向に伸びる、山を高くする術が、今まではなかったのです。

私は野球が大好きで、「インカーブ（野球用語で内角のカーブ）」と名付けたくらいなんですけれども、イチローが愛工大名電高からオリックスに入団してメジャーリーグに行きました。そうすると少年野球を始める子どもたちの数は、ぐんぐん伸びました。草野球も盛んになりました。イチローは山の頂なんです。イチローが高みに上っていくと、山の裾野の少年野球も伸びていく、広がっていく。イチローと同じように、新木さんが活躍すれば、裾野でも、ぐんぐんモチベーションが上がっていくのです。

次にご登壇いただく松井さんと私たちのご縁は、この一文でした。『朝日新聞』二〇一三年三月一日、「読み解き経済」です。ちょっと読ませていただきます。「福祉は弱者を救うためだけに存在するのではなく、伸びようとする芽がぶつかる障害を取り除くためにも活用されるべきである」と。経済学者の方が福祉に対してこういう見方をされるのを、この時初めて見たのです。

すぐに松井さんにラブレターを書きました。「障がい者のアート活動は、市場性を横に置いて議論するのだけれども、障がいと市場という切り口で表現される経済界の方に初めてお会いしました」と。すると「ありがとうございます」というお返事をいただきました。

それから、松井さんにはアートフェア東京にお越しいただいたり、出演されている『オイコノミア』というNHK Eテレの番組でインカーブをご紹介いただきました。

松井さんには、障がいと市場、社会福祉と市場というものを架橋する理論的な支柱になっていただいているなと思っています。

障がいを「くるりんぱ」する

最後です。私の大好きなグラフィック・デザイナーで、もともとは大手広告代理店の電通でクリエイティブの部署に所属され、その後、金沢美術工芸大学デザイン科視覚デザイン専攻教授を務められた後藤徹さんという方の作品です。彼は奥さまとともに『くるりんぱ』という絵本を作っていらっしゃいます。ぜひ、インターネットで検索してみてください。六冊出ています。

今まで、障がいというのは、あれができひん、これができひんと言われ続けて

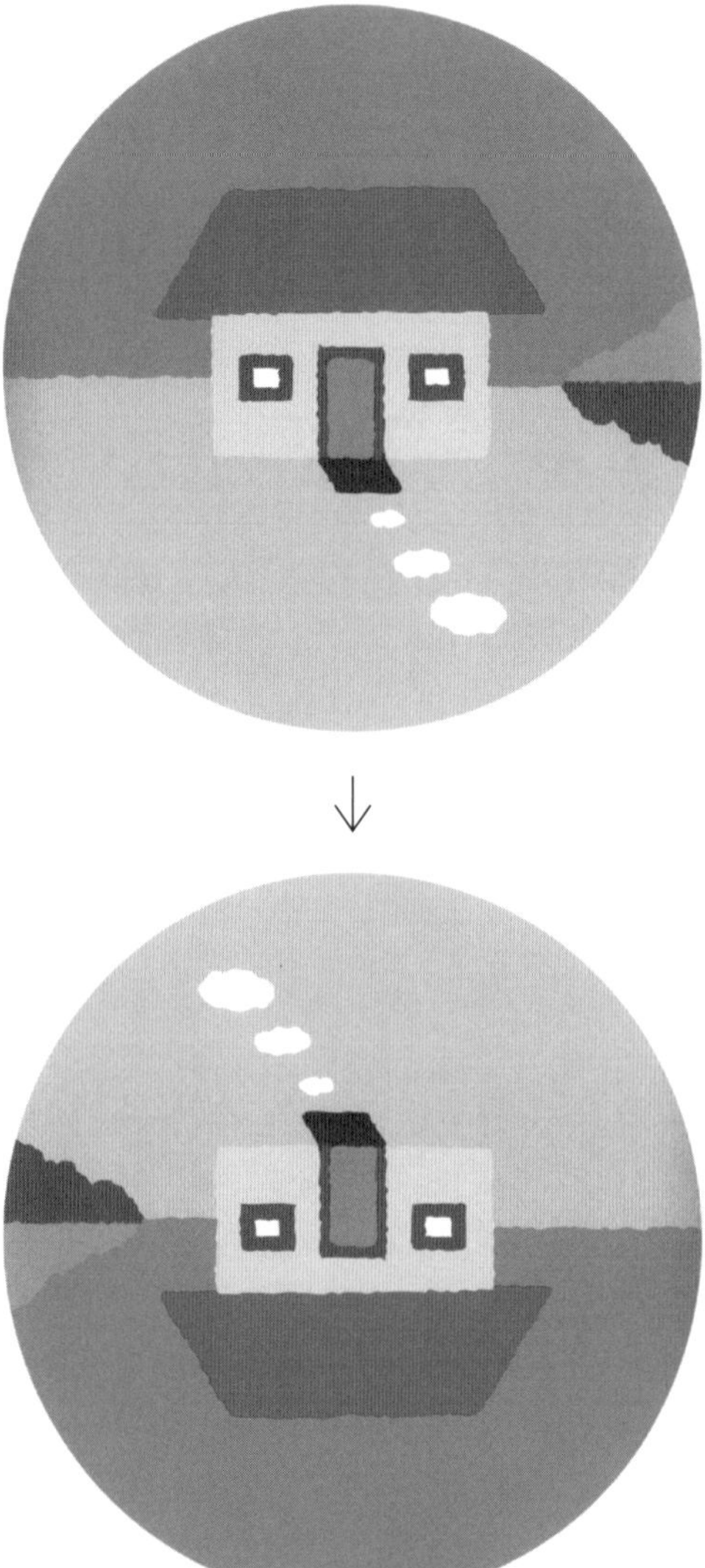

『くるりんぱ② な〜に?』 ©マルタン フレーベル館 2004

きました。例えば、先ほどの寺尾さん。私がお会いしたのは、もう一八年ぐらい前です。若い時には、働きに出た先でいじめに遭ったこともある。私のところには、当時の養護学校の教員の方と来られました。

その時、チラシの裏に、図面を描いて持ってこられ、「こんなん描くの、好きや」と言わはったんです。

私も図面を描いていましたので、それを見て、「まいったな」と思ったんですよ。「この図面は、私には描かれへん」と。

私は、大学の時も、サラリーマンの時も、デザインを学び実践するためにいろんな勉強を、自分なりにもしたつもりです。それが何かこう、悪となり、毒となったようです。私には描けない作品を、寺尾さんは描くのです。でも片方では、知的障がいがあるからといっていじめに遭ってきた。

今や彼は、スタッフの一年間のお給料に相当する額を、一、二枚の作品で稼ぎ出すアーティストになったのです。

そういったことを『くるりんぱ』は表現しています。芝生に建つ家。これを半回転『くるりんぱ』してみると。お家がお船になる。「障がい者はできないのだ」ではなくて「できるのだ」。我々が観点を変えれば、見方は変わる。経済学も一緒かもしれません。「難しいのだ」ではなくて、くるりんと回せば、きっと優しく身近なものに感じるはず。

前振りの私のお話はこれぐらいにしておきます。また、後ほど、松井さんとの対談でお目にかかります。ありがとうございました。

シンポジウムにて　松井彰彦氏

第三章

基調講演「市場の力」松井彰彦

経済・経済学ってなに?

皆さん、こんにちは。東京大学の松井と申します。

まず、本日は、アトリエ インカーブさんの一五周年、誠におめでとうございます。このような晴れがましい席にお招きをいただきまして、本当に恐縮です。

それから、このシンポジウムを支えてくださった方々、ご協力いただいた方々にも御礼を申し上げます。どうもありがとうございます。

それでは、早速ですが、「市場の力」というお題で、私は経済学者ですので、そこから考える障害者問題というお話をさせていただきたいと思います。

まず、「障害」という言葉について、最近は「害」の字を平仮名で書くケースが非常に増えています。私が所属する「障害と経済」をテーマとした研究チームでは、もう一〇年以上前に立ち上げたときから、この「害」の字をどうしようかと議論になっています。研究チームには我々当事者の研究者が半分ぐらいいたのですが、結論から言うと、「害」は漢字でいこうということになりました。

その理由は、先ほど今中さんからもご紹介いただいたように、例えば、アーティストが伸びようとするときに、それを塞いでいるものが、実は障害なのではないかと思うからです。障害は、むしろ社会の側にあって、それが社会問題になっている。それを取り除くために、経済学ができることは何なのだろうか。そこから考えると、この「障害」というのは、漢字であるべきだし、「障害者」というのは、その個人の属性ではなくて、その社会の障害に直面している人だということです。学者なので、頭でっかちでいろいろと考えたテーマですが、ポイントは、障害は社会の側にあるということ。それをこういうふうに表して進めていこうということです。

その「障害と経済」の研究チームは、私のような経済学者も混ざっているんですが、むしろ、どちらかというと少数派で、障害問題をずっと研究してきた研究者や、コミュニケーションや差別の問題を考えてきた社会学者、法学者など、さまざまな人間が混ざっています。

そういう仲間もそうですし、それから、経済学を知らない友人などに話をするときもそうなんですが、経済学は、どうもやっぱり、何か誤解して捉えられているのかなという気がしています。自分なりにまとめて、少しずつ「経済学ってこんなものなんだよ」という話をつくってきたのが、今日のお話です。

「経済、経済学って何？」という質問と併せてよく指摘されてしまうことをいくつかピックアップしてみました。よく言われるのは、「儲けるための学問でしょう」ということですが、これはもうほぼ即座に否定できます。もし儲けるための学問で、その中で選ばれた人たちが学者をやっているのなら、経済学者はもっと儲かっているはずなんですよ（笑）。実際はそういうわけにはいきませんので、即座に否定できますが、これに関してはもうすこし後で述べさせていただきます。

それから、あとは、経済、経済学が分析対象とする「市場」です。この市場というのは、よく、「弱肉強食の世界、ジャングルみたいなものでしょう」と言われます。「そんなところに入るなんてもってのほか」という感じで言われてしまうことがあるのですが、本当にそうかなということも、後で考えてみたいと思います。

それに付随して、市場というと、やっぱり何か自立した人が売ったり買ったりする場所のことというイメージがあります。経済学では、よく「自立した人」という個人を想定して話を進めることが多いのですが、そうすると、「自立した人と言うけれども、結局、強い人でしょう。弱い人のことなんか考えていないでしょう。市場に入れない人のことなんか考えていないでしょう」というふうにもよく言われます。ここのあたりも、すこし考えていきたいと思います。

「経済学」とEconomicsの語源

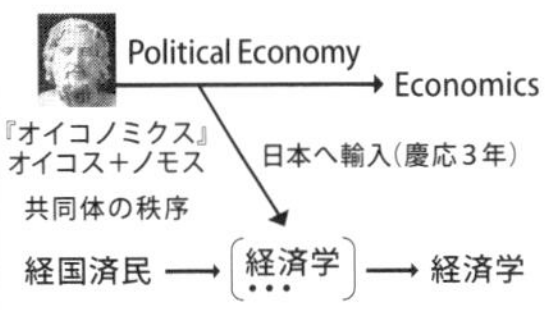

「経済学」とEconomics の語源

まず、最初の「儲けるための学問でしょう」ということに関しては、さっきのは冗談として、経済のもともとの考え方をすこし遡って見てみたいと思います。ちょっと小難しい話になるかもしれませんが、「名は体を表す」ということもありますので、もともと何をやろうとしていたかという語源を見てみます。経済学の言葉の歴史です。

ご存じの方も多いと思いますが、経済学というのは、言ってみれば西洋から輸入された学問です。元は、英語ではPolitical EconomyとかEconomicsというふうに言われてきました。これが日本に輸入されたのは慶應三年とあるので、明治維新前夜一八六七年なのですが、この「ポリティカルエコノミー」ないしは「エコノミクス」と言われているものを、さらに遡ることができます。

どこまで遡れるかというと、ギリシャ時代のあたりまでで、クセノフォンという人が書いた『オイコノミクス』という本があります。このクセノフォンが何を書いたかというのは置いておいて、この『オイコノミクス』という言葉は「オイコス」と「ノモス」というものの合成ということになっています。

「オイコス」というのは、よくギリシャ語を日本語に訳すときに「家」と訳されます。当時のギリシャでは、一部の市民が広大な土地を持っていて、そこにいろいろな人が住んでいました。それほど財のない市民も住んでいますし、奴隷も住んでいます。それから、奴隷でも市民でもない、メトイコス（在留外国人）と呼ばれるような人たちも住んでいました。そういういろいろな人たちが住んでいる「オイコス」における「ノモス」、「ノモス」というのは「秩序」「在り方」という意味ですから、それを考えるのが「オイコノミクス」ということです。言ってみれば、共同体の秩序やその共同体の在り方を考える、そういう学問として産声を上げました。

それが転じて、都市国家から、主権国家、非常に大きな国家になるにつれ、国をどういうふうに運営するか、どういう政策を取ればいいか、そういった問題や、物の生産力をどうすれば上げられるかといったさまざまな話に移っていって、「ポリティカルエコノミー」ないしは「エコノミクス」という名前になって、それが日本に輸入されたという経緯があります。

そうして輸入されたこの洋学に、最初につけられた名前が、「経済学」です。この「経済学」は中国の書物から取った言葉で、もともとは「経国済民」とか「経世済民」というふうに言われていた言葉です。「経国」というのは、国を治めるという意味です。それから、「済民」のほうは、「済」は「救済」の「済」なのでイメージがつくと思いますが、「民」を「救」うと。国を治め民を救うという四つの字から成る言葉、それが「経国済民」のもともとの意味で、それを考える学問ということで、「経済学」という名前がつきました。

その後、明治維新以降、大学で教えられるようになって、さまざまな名前がつきました。富ませる学「富学」であるとか、「利用厚生学」などさまざまな名前がついて、結果的に、明治時代の帝国大学、今の東京大学ですね、そこで講座ができたときに、「経済学講座」という名前がついて、それが定着したという経緯があります。

そういう意味で、もともとの「経済学」というのは、共同体の在り方だったり、民を救うためにどうやって国を治めればいいかといったことを考える学問ということが言えます。すくなくともそういう思いで、輸入したときに名前をつけられたということがあるのではないかと思います。

高校までの経済学、大学・大学院での経済学

ちょっと堅い話でしたが、では、「経済学」は、今はどうなっているかというと、多くの人は、この「経済を分析対象とする学問」というイメージではないかと思うんです。高校まで公民などで習う「経済学」というのは、いわゆる経済を分析対象とする学問です。それで、「経済って何?」と言うと、また難しいのですが、例えば、家計とか、政府、企業、会社があって、それが市場で出会って、取引をして、云々かんぬんということを分析対象とする学問です。要は、そういった「経済とは何か」ということでいろいろ解き明かすのが高校までの「経済

学」です。

市場や家計、企業の行動、そういったものを分析するというのは、間違ってはいません。大学に入っても、経済学でやる分析対象としては非常に重要な分野です。一方で、特に大学や大学院で学ぶ「経済学」というのは、これは他のさまざまな学問分野でも言えると思いますが、何を対象としてということを超えて、どういう物の見方、どういう切り口で世の中を見るか、社会現象を見るかが重要です。それこそが、社会科学である経済学を特徴づけているものなんです。

それが端的に現れている文章が次にあります。ちょっと読ませていただきます。これは、近代経済学の祖といわれるアダム・スミスが、『道徳感情論』と訳される本、彼の主著の一つの中で語っていることです。

「人間社会という巨大なチェス盤においては、各々のコマがそれ自身の行動原理にしたがう。それは、為政者がおしつけようとするものとは異なるものである」。ここで重要なポイントが、「各々のコマがそれ自身の行動原理にしたがう」ということです。社会を大きなチェス盤になぞらえているのですが、実際、我々が普段遊ぶチェス、ないしは、日本人だと将棋や囲碁のほうが馴染みがあると思いますが、そういうゲームをするときには、いわゆるプレイヤー、差し手ないしは打ち手がコマを動かす。つまり、コマには意思がない。行動原理といっても、コマ自身には意思がない。

人間社会もチェスや将棋になぞらえることはできるんだけれども、そこには大きな違いがある。それは、それぞれのコマが、それ自身の行動原理に従っているということ。そこが重要な違いであるということをアダム・スミスは述べています。この後、その為政者が押しつけようとするものとそれぞれのコマの行動原理とがうまく合致すればうまくいくけれども、下手なことをやってしまう、為政者が勝手な読みをして変な政策を打ってしまうと、各コマが、為政者が想像していたのと別な動きをして大変なことが起きてしまう。これがアダム・スミスのポイントです。

それぞれのコマである我々が、それ自身の行動原理に従うと言っているのだから、この行動原理はどんなものか。それを知らないと、為政者の政策は、何をやっても大変なことになると。それをちゃんと考えようというのが、このポイントです。つまり、こういう個々のコマの行動原理から積み上げて社会を見ていこうという、この物の見方こそが「経済学」を特徴づけているのです。

私は、「障害と経済」だったり、その前は、もうすこし理論的な、「慣習と規範」というものを経済学で研究していました。今では、「医療経済」とか、「教育の経済学」とか、いろいろありますが、ポイントは同じです。それ自身の行動原理から積み上げていって、問題が見えてくる、ということをやるのが、この「経済学」の特徴だと思います。

アダム・スミスがもう一方の主著で語っている、その行動原理とは何かということなんですが、ここがよくクローズアップされる部分です。『国富論』の中の有名な一節です。「われわれが酒や肉やパンを食べられるのは、酒屋や肉屋やパン屋の慈悲心ではなく、自己愛によってである」。

経済、市場の本質というのは、売り手と買い手がお互いに欲しがっているものを交換する。これが市場の本質なので、酒屋や肉屋やパン屋、これは、ただ単に施しをするのではなくて、彼らも生きていかないと、生計を立てないといけないから、そのためにお酒を売って、その対価としてのお金をもらって、そのお金で今度は肉屋に行ってお肉を買うんだと。肉屋も同様に、肉を売って、もらったお金を持ってパン屋に行く。そういうことで世の中が成り立っている。それが、アダム・スミスのポイントで、ほかの人に施しをしたいという気持ちがあっても、もちろん悪くはないんですけれども、それを支えているのは自己愛であるということをアダム・スミスは言っています。

自己愛を結構肯定的に見ていますね。これは「経済学」の特徴で、よく誤解されるポイントかなと思います。

アダム・スミスはスコットランドの人、大きく言えばイギリスの人なんですが、日本人の文豪も、もしかしたらアダム・スミスに感化されたのかもしれませんが、同じようなことを言っています。夏目漱石の『私の個人主義』という短い講演の中の一節です。これは今、文庫などでも『私の個人主義』で検索すれば出てきますので、細い本で、しかも、その一部がこの講演なので、ぜひ、ご関心がある方は、眺めていただけるといいかなと思います。ちょっと読んでみます。

「豆腐屋が豆腐を売ってあるくのは、けっして国家のために売って歩くのではない。根本的の主意は自分の衣食の料を得るためである。しかし当人はどうあろうともその結果は社会に必要なものを供するという点において、間接に国家の利益になっているかも知れない」。自分の生計を立てるために豆腐を売るんだけれども、それは間接的に国家の利益になっているかも知れない。アダム・スミスのほうが酒や肉、パンなど、夏目漱石のほうは豆腐に変わっていますが、似たような文章ということが言えると思います。

これを取り上げて、経済学は利己的な活動を称揚しがちだとよく言われてしまうのですが、そういう部分も確かにあります。ですが、特に彼らが主張したかったのは、そういうことではありません。

アダム・スミスの時代はキリスト教会の考え方がとても強く、アダム・スミスの先輩にあたる哲学者、デイヴィッド・ヒュームも、教会のプリースト、僧侶の反対に遭って、大学でこういう考え方を教えることができなかったんです。教会の教養を守りなさいということで、それを押しつけようとする人々に阻まれてしまいました。いや、そんなに一つの教義、考え方を押しつけるのではなくて、それぞれの考え方で行動すれば、それが結果的に世の中を良くするんだよと主張したのがアダム・スミスです。

それを引き継いだのが夏目漱石で、夏目漱石のこの『私の個人主義』に関しても同じですね。当時の日本も、やはり蔓延していた国家主義、今では全体主義と言ったほうがとおりがいいかもしれませんが、そういった国家主義、全体主義の風潮の中で、社会のために尽くせと、あまりにうるさい。でも、そうではないんだと。豆腐屋が豆腐を売って歩くのは、それは社会のために売って歩いているわけではなくて、生計を立てるために売っているんだ。それが結局、巡り巡って社会のためになっているんだよと。そこをちゃんと見ようよというのが、この夏目漱石の『私の個人主義』です。そして、先ほどのアダム・スミスの言葉です。

ではそれが、どういう意味で社会のためになっているか。自分のために豆腐を売る人、自分のためにお酒を売る人、それがどういう意味で社会のためになって

市場は弱肉強食のジャングルか

福祉　やさしさにたよる
⇒やさしいひとがあつまる

市場　自己愛にたよる
⇒自己愛のつよいひとがあつまる

いるのかを考えるのが「経済学」の非常に重要なポイント、分析でもあるということが言えると思います。

市場は弱肉強食のジャングルか

「経済学」では、もう一つ、「市場は弱肉強食のジャングルか」ということをよく言われてしまいます。福祉は優しさに頼るということで、「障害と経済」のプロジェクトをやっていると、どう見ても、福祉問題、障害問題に携わっている人々ないしは研究者のほうが、経済学者より優しい感じはします。経済学者のほうが、もうちょっとギラギラしている感じは確かにあります。その傾向はありますが、福祉は優しさに頼るから優しい人が集まる。市場は自己愛に頼るから自己愛の強い人が集まるんだと。これはちょっと考えてみたいところかなと思います。

市場に集まる人

アダム・スミスを研究している学者によると、彼のノートにはこんなことが書いてあります。「人間は、物質的欲求に劣らず、道徳的、知的、美的欲求によっても突き動かされていることを気づかせてくれる」。そういう欲求を持っている人間、これを扱うと。お金がざくざく入ればそれに越したことはないかもしれませんけれども、それが唯一の欲求ではない。

私も偉そうなことを言えば、私が大学院に行った頃は、ちょうどバブルが始まった頃で、ものすごく就職が良かったんです。みんなもう、どんどん就職が決まって、就職していった人間は、毎晩もうほとんど酒池肉林のような接待で、片や我々は机にかじりついて本を読む。何が悲しくて大学院に行って、じっと暗いところで本を読み続けるの、というような風潮もあったのですけれども、それは物質的欲求ではなく、やっぱり知的欲求が強かったから大学院に行ったと、偉そうに言うこともできるわけです。いろいろなところで、物質的欲求以外の欲求に我々は突き動かされているのではないかなと思います。

今日のお題で言えば、まさに美的欲求、これが一つのキーワードになってくるかと思います。インカーブさんないしは多くの方々が努力されているアートを、その市場に持っていく。市場と繋げていくというのは、まさに市場で待ち受けている美的欲求を持った方々、これを探すということ。そういう試みということが言えると思います。逆に言うと、そういういろんな人が集まっているところが市場ということになるかなと思っています。

ここで、市場は本当に弱肉強食のジャングルなのかというところをちょっと考えてみたいと思います。私がここでよく使わせていただく題材に、新美南吉の『手袋を買いに』という童話があります。小学校の教科書にもよく載ったりするので、ご存じの方もいらっしゃると思います。

ちょっと会場の皆さんにお聞きしてみます。新美南吉の『手袋を買いに』を読んだことがある方は？　はい、どうもありがとうございます。かなり手を挙げていただきました。

読んでいらっしゃらない方もおられると思いますので、すこしあらすじを言いますと、ある寒い冬の日に、子狐が寒い寒いと言うので、母狐が手袋を買いに人間の町に行こうということで、二人で買いに行きます。

ところが、途中、町の灯が見えたあたりで、この母狐は足がすくんじゃうんです。実は、この母狐は、人間社会にちょっとトラウマがあって怖くなってしまって、もう足がすくんでしまう。それで子狐に「あなた、一人で行きなさい」というふうに言うんです。自分が怖いくせに子どもを一人で行かせるのかという突っ込みを入れたくなるんですが、まあそこはお話なので置いておいて。それで、子狐を一人で行かせる。

そのときに、これもお話なので、子狐の片手を人間の手に変えてやって、そこに白銅貨、要するに、一〇〇円玉とか五〇〇円玉みたいなものです、それを握らせます。町の帽子屋で手袋を売っているから、お店の前に着いたら、この人間のほうの手を出して、「これに合う手袋をくださいな」と言ってお金を差し出すんだよと、かんで含んで言い聞かせて送り出すんです。

子狐が帽子屋を見つけて行くのですが、またこれもお話なので、当然のように間違ったほうの手を、つまり、狐の手を差し出してしまいます。そうすると、帽子屋の主人は、「ははん、これは狐だな」と思うわけです。それで、「まずちょっとお金を見せてください」と言って、お金を見せてもらって、チャリンチャリン鳴らすと、これはどうやら本物のお金のようだと。それで、その店の主人は、その子狐の手に合う手袋を探してきてはめてあげるというお話です。

子狐は、「なんだ、人間なんて全然怖くないじゃん」というので、お母さんのところに戻って、「間違えて狐のほうの手を出しちゃったけど、何も怖いことはなかったよ、何もされなかったよ」と言う。母狐がそれを聞いて、「人間って本当にいいものかしら」というのを二回ぐらい繰り返してお話が終わります。

この話を聞いて、「子狐が、狐の皮を剥がされなくて良かったね」と思ったり、「ちょうど手に合う手袋をもらえて良かったね」というふうに喜んで、ほのぼのした気分になって終わるのもいいんですが、ここは下世話な経済学者なので、ちょっと考えてみます。

市場とは

この子狐に、帽子屋がちゃんと手袋を売ってあげた、渡してあげたのはどうしてだろうか。皮を剥いじゃったって、べつに法にも触れないし、狐汁にしたって構わなかったわけですが、それはしなかった。それはなぜかというと、この帽子屋にとって子狐は、お金を持ってきてくれた以上、お客さまなんです。対価を持ってきて、欲しいと言ってくれた以上、それはお客さまですから、お客さまとして遇すると。そして、そのお客さまが一番望んでいたものを渡すというのが、この帽子屋の行動そのものです。

これが、市場における、言ってみればルールであって、このルールを破ってしまうのは犯罪者です。市場というのは、そういった一定のルールのもとに人々がお互いにプラスになるように取引をしているということが言えると思います。

実際、新美南吉の話は、ほかのものを読んでもそうなんですが、童話のわりにかなり論理的に書かれているのです。母狐がなぜトラウマを持っていたかというと、そのエピソードまでちゃんと載っています。まだ子どもの頃に、まあ友だちにそそのかされたのでしょう、農家に入り込んで、ニワトリを盗もうとしたんです。そうしたら農家の人が怒って、鉄砲を取り出してきて、ズトーン、ズトーンと撃たれそうになる。それで、這々《ほうほう》の体《てい》で逃げ帰ってきて、それ以来、もう人間が怖くて怖くてしょうがない。人間は恐ろしいものだと思うようになってしまったと。

この二つの違いを、母狐はまだ気づいていないのかもしれませんけれども、新美南吉はきちんとわかっているわけです。ルールを守って取引するのが市場であって、ルールを守らないで人のものを盗ってしまおうとするのは、これは犯罪で、市場でやるべきことではないと。

そういうことで、市場というのは、一つのルールに従って行動していく場である。お互いにプラスになるように取引する。相手に物を与え、相手から物をもらう。その物というのは、お金かもしれませんが、それは単に私が美容院へ行って髪を切ろうと思っても、何も美容院の人が私の経済学の講義を聞いて、「ああ、それは素晴らしい講義だから、髪を切ってあげましょう」というわけではないですよね。それは、美容院の人が欲しがっているものを私が持っていない、与えられないので、お金という代替手段で渡すというだけの話で、基本的には、相手のプラスになるもの同士を交換する。これが市場の役割だということが言えると思います。

では市場をもうすこし言うと、それだけだったら、べつに家の中でもお互いにプラスになる、夫婦の間で交換だってしているし、友達同士でシールの交換もしているし、市場とどこが違うのかという話になります。ましてや共同体の中での交換というのは、あれは市場交換なのかなというふうになると思います。市場というのは、言ってみれば、抽象的な場というふうに説明されますが、こう考えてみます。

手袋を買おうとして、親が主導で買ってくる。ないしは、今の場合は子どもに買いに行かせたわけですけれども、それはお店に行って買うわけです。ここから

市場とは

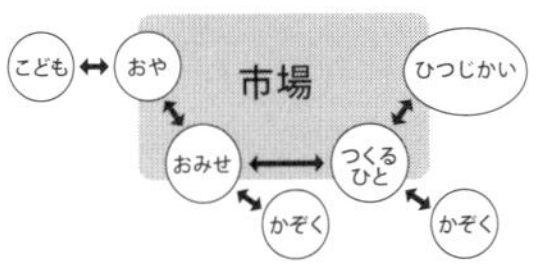

ひととひとはつながっている

遡ってみます。例えば、これが毛糸の手袋だとすれば、どこか遠いところ、スイスとかイギリスかもしれないし、ニュージーランドかもしれませんが、遠いころに羊飼いがいて、その羊の毛を刈って、その刈った毛を売って、そこでそれを糸に撚り合わせてというように、実際には、「つくる人」は何段階もいます。何段階もの人の手を経て、最終的にでき上がって、お店にやってくる。子狐が買った手袋はお店の人がつくっているわけではないんですね。

そして、お店の人には家族がいて、つくる人にも家族がいる。この毛糸の手袋一つ取ってみても、遠い遠いところ、日本からかけ離れたところでつくられたものが、巡り巡って自分の手元に来る。

市場というのは、このように見えない人同士、一生の間、まず会わないだろうという人同士を繋げる、そういう力を持っています。人と人が市場を通じて世界中のほかの人と繋がっていく、繋げていくというのが、市場の大きな役割ということになります。

市場がなければ、このような繋がりができません。東日本大震災のときに、サプライ・チェーンが壊れてしまって、東北は大変な目に遭いました。その後コンビニが開いたときには、「あっ、これで生活が戻ってきた」というふうに感じられた人が多いそうです。

そこには、コンビニに現れているような、市場というものがあり、世界中から物が集まり、世界中の人と繫がって、我々は今ここに暮らすことができる。それを可能にしているのが、まさに市場ということになると思います。市場の繫がりが切れてしまえば、我々は、どうかすると、もう日々の暮らしにも困ってしまうということになってしまいます。

自立した人は強い人か？

もう一つ。経済学に対する質問といいますか、ちょっとどうなのかという話がありました。「自立した人は強い人だ」というものです。「結局、自立した人を扱っている経済学って、強い人のための学問でしょう」ということも言われます。

我々も、つい、滅多にこういうふうな言い方まではしませんけれども、暗黙の前提として、自分で意思決定ができる自立した人と人が物を取引する場、これが市場であるというふうに説明してしまったりします。ただ、ここでキーワードになるのは、この「自立」という言葉です。自立した人の「自立」って何？　というのを、最後に考えてみたいと思います。

我々研究チームのメンバーに、肢体不自由、車椅子ユーザーの者も何人かいまして、その一人に熊谷晋一郎さんという方がいます。今は、小児科医をしながら、東大の先端科学技術研究センターの准教授として勤めています。彼は、生まれてすぐの高熱が原因で脳性麻痺になり、肢体不自由になってしまいました。お母さまが一生懸命育てられて、ご本人は東京大学医学部に合格し、卒業。現在に至っています。

彼は山口県の出身で、東京大学に通うために東京へ行くという話をする時に、「親元から自立した」という表現を、彼は使います。では、そのときの自立、よく「障害者の自立」という言葉が出てきますが、「それって何?」というのを考えていきます。

彼の話をもう少しさせていただくと、お母さまが本当にいろいろなことを、彼にしてくださったそうです。ある時、中学生の頃と言っていましたかね、「母が死んだら、私も死ぬな」と思ったそうです。それだけ、母親が大きな存在、大切な存在だったわけです。彼にとっては、まさに命綱だったと言えるかもしれません。そういう思いを持たれている方は、世の中に多くいらっしゃるのではないかなと思います。この会場の中にも、もしかしたらいらっしゃるかもしれません。

そういう大きな存在なのですが、命綱について、ちょっと考えてみます。命綱というのは、まさに命を繋いでいる綱で、切れてしまったら大変なんです。命が危うい、そういうものなんです。

それで、母親の元を離れて東京の大学に来て、自分で生活を始めた。でもトイレ介助だったり、お風呂介助だったり、そういう身体介助が必要なことは同じです。だから、そういう意味では、べつに自分でできることが増えたわけではない。では、何が変わったかというと、ヘルパーさん、支援者の数です。今、彼には三〇～四〇人ものヘルパーさんのリストがあるそうです。肢体不自由な方は、少なからずそういうリストを持っていて、今日はこういうことをしたいから、このヘルパーさんにこういうことを頼む。直前だと相手の予定が空いていないかもしれないので、ちょっと前から彼が計画を立てて依頼しておく。

そうすると、一人一人のヘルパーさんは、もちろんお母さまの代わりには絶対にならないけれど、誰かが一部を介助してくれる。ヘルパーさんにはそれぞれの生活があるし、その人のことを心配はするけれども、母親が息子のことを心配するようなことは絶対できません。それは無理です。だけど、ヘルパーさんはたくさんいる。だから、何とかお風呂も入れるし、トイレも行けるし、外出もできると、そういう状態になりました。

これは、言ってみれば、お母さまという命綱はそばにいらっしゃらないかもしれないけれども、支援の網の目がある。支援が網状になっているんです。一本一本は細くて、命綱みたいに頼れるものではない。しかし、それがたくさんあって網の目のようになっているので、逆に言うと、一本ぐらい切れても何とかなる。これが実は、自立している状態なのだと感じられるのです。

これが市場でいう「自立」の本質だと思います。なぜか。一本一本のこの網の目というのを、例えば、コンビニに置き換えてみましょう。世界に自分が行けるコンビニ、お店が一つしかない場合、そのコンビニの店主に嫌われちゃったら、私はもう何も買えません。困っちゃいます。だから、何となくコンビニに従属して、依存している気になっちゃいますね。それに対して、コンビニがたくさんあれば、あそこの店主は感じが悪いから、もうあそこに行くのはやめようと、ほかのコンビニに行けるわけです。

同じようなことが、いろいろなところであります。企業や、私を雇ってくれる大学もそうです。私はときどき東京大学の悪口を書いたりしていますけれども、東京大学から放逐されたら、ほかに行き場がないと思ったら、怖くてちょっと書けないかもしれない。だけど、「東京大学でなくたって、ほかの大学へ行けばいいんだよ」ないしは「もう場合によっては海外へ行っちゃえばいいや」と思っていれば、何となく依存していない感じがします。東京大学という大学に依存していない立場です。企業もそうかもしれないですね。

そういうような形で、何か一つに、いかにそれが大切であっても、一つのものに依存してしまっている状態は、やっぱり「自立」とは言えない状態、依存している状態なのかなと思います。それが、熊谷さんのお母さまのようにどんな素晴らしい方であっても、そうでなくても、同じかもしれない。

この話をする時に、私がときどき使わせていただくのは、宮沢賢治の『なめとこ山の熊』という童話です。これは、賢治特有の童話の姿を借りた社会風刺の側面を持ったお話です。これは「なめとこ山の熊」一頭と、一人の猟師が主人公です。猟師は熊を撃って、その毛皮を町に出て売る。それで生計を立てている。それを生業にしています。

ある日、その猟師が毛皮を持って、町の荒物屋に売りにいく場面がとても印象的です。宮沢賢治は、普段はそんなに感情をあらわに童話の中に書きこまないんですが、この『なめとこ山の熊』のときは、ものすごく怒りながら書いているのが、読んでいただければ、もうすぐにわかります。猟師が荒物屋に行くと、大変な思いをして取ってきた毛皮が、店主から二束三文に買い叩かれるわけです。買い叩かれて、それでも売らざるを得ないのです。この猟師には一〇人も子どもがいて、その子たちを養うために。

すごく安く買い叩かれたのにもかかわらず、この猟師は毛皮が売れたとホッとします。そういう描写があって、宮沢賢治はものすごく悔しがりながら書いています。「こんなことがあっていいものか」というふうに感情を丸出しで書いているんですけれども、では、これは市場が悪いのかというと、私はそうではないと思っています。これは、むしろ市場がないことが悪い。つまり、この猟師は、荒物屋に自分の生計を依存してしまっているのです。この荒物屋が買ってくれないと、もう自分には売るところがないんです。

そうではなくて、ほかにも選択肢があって、こっちの荒物屋が駄目ならこっちに行くさ、そういう選択肢がいくつもあるのが市場のポイントです。いろいろなものに依存しているから、一つ一つの依存はものすごく薄まっていって、その結果、自分は自立していると思える。こっちが駄目でもあっちがある。それが一つのものだけだと、とても自立しているとは思えない。

このように、市場というのは、実は人々を自立させるための力を持っている、そういう場だと言えます。市場は、もちろん万能ではありません。しかし、そういう力を持っているということが言えるのではないかと思います。

そういう意味で、「自立」というのは、何も強い人のことだけを指すのではない。特に、私は「障害と経済」の研究を始めてから痛感しているのは、「自立」という言葉は、むしろいろいろな人に依存して頼ってしまっていいんだよねという、それを教えてくれる、それが「自立」ということです。いろんな人に頼ろう、市場に頼ろう、市場を使いこなそうということです。それが「自立」に繋がる。そういう市場の捉え方もあるのではないかと思っています。

最後に「福祉と市場」をちょっとだけ話しますと、「福祉と市場」は水と油というふうに言われてしまいますが、私はそんなことはないと思っています。「福祉」といわれるものにも、市場的要素があってしかるべきだと。その本質は、この「自立」なんです。「自立」とは、人に頼ってもいい、むしろ頼るべきだということです。そこがポイントで、いろんなものに少しずつ頼ろうよと。一人の人や何か一つに依存しちゃうと、共倒れになってしまうかもしれない。友だちにのしかかっていると、友だちに重いよと言われてしまいます。

そこから脱却して、いろいろな人の力を少しずつ借りながら生きていければ、そういう場がつくられれば、それはそれでいいのではないか。というのが、経済学から見た「自立」、「福祉と市場」の捉え方と言えるのではないかと思います。

この後、インカーブのスタッフの方からのお話と、その後、今中さんと対談をさせていただきますが、今日は、何か随分厳しい質問が、今中さんから飛んできそうなので覚悟しております（笑）。ひとまず私の話はここで一旦締めさせていただきます。どうもありがとうございました。

シンポジウムにて　右から三宅優子氏・林智樹氏

第四章

報告「国内外のアートフェア」林智樹・三宅優子

アートフェアってなに？

林　こんにちは。アトリエ インカーブの林と申します。

三宅　こんにちは。三宅と申します。

林　僕たちからは、「国内外のアートフェア」というタイトルで、まず初めに二〇一七年三月に参加したニューヨークと東京のアートフェアのご報告をさせていただきます。

今日のシンポジウムの前半では、今中からアトリエ インカーブの歴史を踏まえながら活動内容についてお話をさせていただきました。松井さんからは、経済学と市場について、非常にわかりやすくお話しいただきました。

アートフェアは、障がいのある方の創作活動と市場との接点となる一つの形ではないかと思っています。主に現場に立っている僕と三宅からお話を進めてまいりますので、どうぞよろしくお願いいたします。

大きく四つに分けてお話をさせていただきます。まず簡単にアートフェアの概要をご紹介した後、ニューヨークの報告を三宅から、東京の報告を林からさせていただきます。

今中からも先ほどご報告しましたが、二〇一七年三月に発行した『アトリエインカーブ・イン・アートフェアーズ』という図録にも、レポートという形で載せておりますので、ぜひお手に取っていただければと思います。

その後に、フェアに向けての実践として、実際にアートフェアに出展するために、僕たちスタッフがどのように準備を行っているのかということを、ご紹介したいと思っています。こちらについては、今日お渡ししておりますヒント集に詳しく掲載していますので、ご参照いただければと思います。（「作品を市場につな

げるためのヒント集」本書p178～p197）

まずアートフェアについて。今日この会場にお越しいただいている方で、アートフェアという場所に行かれたことのある方は、どれだけいらっしゃいますでしょうか。はい。ありがとうございます。会場のざっと三分の一ぐらいでしょうか。手を挙げていただきました。

少し説明をさせていただきます。アートフェアというのは、広大なホールやホテルといった会場に世界中からギャラリーが一堂に会して、ギャラリーの所属アーティストの作品を展示販売するアートイベントのことです。

通常、アートフェアに出展するためには審査というものがあって、この審査に通ったギャラリーのみが出展できる形になっています。会場に入るためには入場料がかかってくるのですが、入場料を支払えば、一般の方でも誰でも入れるようになっています。開催期間は三、四日ほどと短いのですが、作品を買いにこられるアート・コレクターの方や、美術関係者、報道関係の方もたくさん訪れるイベントとなっています。

広い会場の中で、壁を隔ててそれぞれのギャラリーがブースを構えます。通常は「コの字型」のブースになっていて、この中でアーティストの作品を展示する形です。来場されたお客さまに、自分のギャラリーに所属するアーティストの作品の紹介をしながら売買の交渉をするのが、一般的なアートフェアです。美術館での展覧会と一番大きく異なるのは、作品が売買できるかどうかです。

僕たちは、アトリエ インカーブ専属の「ギャラリー インカーブ｜京都」として出展しています。二〇一〇年に京都市中京区に開廊して、年に三、四回の個展やグループ展を開催しています。アートフェア出展のための審査項目の中に、最低でも年に三、四回の展覧会を開催しなければいけないということが設けられている場合もありますので、そういったことも合わせて、年間の展覧会の内容や回数を計画しています。

これまでのアートフェアの出展歴としては、二〇一二年に京都で開催された「アート京都」をスタートとして、二〇一四年以降の三年間は東京や大阪、国内のアートフェアに参加してきました。二〇一五年には初めて海外に進出し、

ギャラリー インカーブ｜京都のアートフェア出展歴

2012年	アート京都
2013年	アートフェア東京（-2019年） ニュー・シティ・アートフェア大阪
2014年	アート大阪（2018年）
2015年	スコープ・ニューヨーク
2016年	アート・ステージ・シンガポール
2017年	アート・オン・ペーパー

ニューヨークの「スコープ・ニューヨーク」というアートフェアに出展しました。去年は、シンガポールの「アート・ステージ・シンガポール」という、アジアでも大きいアートフェアに参加しました。今回のニューヨークと東京を合わせて、これまでに一一回（二〇一七年九月時点）のアートフェアに参加をしてきました。

ということで、アートフェア全体のお話はこのくらいにして、ニューヨークの報告を三宅からさせていただきます。

ニューヨーク「アート・オン・ペーパー」報告

三宅　それでは、私からは、二〇一七年の三月に参加しましたニューヨークのアートフェア「アート・オン・ペーパー」のご報告をさせていただきます。

まず、ニューヨークのアートフェアの特徴として、毎年三月の第一週に「アート・ウィーク」と呼ばれる週があります。マンハッタンの街中で、趣向が異なる

【開催概要】アート・オン・ペーパー

会期	2017年3月3日〜5日／プレビュー2日
会場	Pier 36
開催回数	3回目
出展数	85軒
来場者数	20,000人
来場料	1日券 25ドル／3日券 30ドル

大小さまざまなアートフェアが同時に開催されています。多くのアート・コレクターやアート・ファンは、その中から自分の好みのアートフェアを選んだり、ハシゴをして回るというのが毎年恒例の楽しみになっているようです。ニューヨーク内だけでなく、世界中から多くの人がやってくる、アートのお祭りのような一週間です。

ニューヨークという街に住んでいる人たちにとっては、このようにアートを観ること、アートを買うことが生活の中に根づいているようで、客層が厚いというのが、ニューヨークのアートフェアの特徴の一つと言えるのではないでしょうか。

マンハッタンは、面積で言いますと大阪市の四分の一弱くらいで、それほど広い地域ではないのですが、その中で六つのアートフェアが開催されています。私たちが参加したのがアート・オン・ペーパーです。

アート・オン・ペーパーの会期は三月三日から五日まで、プレビューも含めて四日間開催されました。開催回数は今年で三回目。八五軒のギャラリーが世界中

【出展概要】アート・オン・ペーパー

出展回数	初出展
ブースサイズ	W4.9×D3.7×H3.7m（18㎡）
出展費用	140万円
出品作家	新木友行・阪本剛史 寺尾勝広・寺井良介
出品点数	75点（展示27点／ファイル48点）

から集まり、二万人のお客さまが訪れました。来場料は、一日券で約二八〇〇円です。

このアート・オン・ペーパーにギャラリー インカーブ｜京都は初めて出展しました。一八㎡のブースを構え、出展費用は約一四〇万円でした。私たちは初めての参加ということもあり、いろいろなアーティストのことを見ていただきたいという思いもあわせて、新木友行さん、阪本剛史さん、寺尾勝広さん、寺井良介さんの四名の作品を紹介しました。壁面に展示をした作品が二七点、ファイルに入れて展示した作品が四八点で、合計七五点出品しました。

アート・オン・ペーパーというフェアの名前が変わっているなと最初に思ったのですが、これは名前のとおり紙を素材にした作品ばかりを扱うという、ちょっとユニークなコンセプトのアートフェアです。このユニークさが受けたのか、初年度からたくさんのお客さまが訪れる人気のアートフェアで、毎年とてもにぎわっています。

三年前、ニューヨークの別のアートフェアに出展した時に、ちょうどこのアート・オン・ペーパーが初めて開催され、視察することができました。ほかのフェアでは、洗練された、すでに評価の定まった作品を観にくるお客さまが多い印象ですが、アート・オン・ペーパーのお客さまは、どちらかというと、まだ新しい作品、面白い作品、そういったものを求めているような雰囲気がありました。ここでのお客さまはインカーブのアーティストたちの作品を気に入ってくださるのではないかなという予感がして、今回の出展に繋がりました。

今回出品していた中では格闘技をモチーフにして描く新木友行さんの作品が一番大きく、一メートル×二メートルくらいあります。今回販売された中で一番高額な作品で六〇万円くらいの値段がついています。

同じ新木さんの作品で、A四サイズくらいのものも展示しました。アートフェアでは、お客さまの好みに合わせて作品を選んでいただけるように、サイズや色など、作品のバリエーションを広げて会場にお持ちしています。

阪本剛史さんは、食べ物と生き物を合わせたようなキャラクターを描いていらっしゃいます。例えば、頭がトマトで体がアシカの「トマトアシカ」など、独

アート・オン・ペーパー

自のキャラクターを生み出されています。彼は、日本でも人気のあるアーティストですが、今回、ニューヨークでもとても人気がありました。皆さん、スマホを片手に「可愛い、可愛い」と言って撮影をしていかれ、うちのブースでは記念撮影率ナンバーワンのアーティストでした。

続いて寺尾勝広さんは、鉄骨をモチーフにして絵を描いているアーティストで、さまざまな画材や技法を試される方です。今回のフェアでは紙素材の作品ということもあって、コラージュ（切り絵）の作品を持って行きました。

最後に、寺井良介さんです。寺井さんは野球の大ファンで、野球をモチーフにして描いていらっしゃいます。一見野球とは関係がないように見えますが、国内外の野球チームにちなんだ作品など、チーム名やそのチームの拠点となる土地から発想を広げ、描いていかれます。そういったお話をお客さまにすると、「ああ、この作品には、そんな秘密が隠されているのか！」と、盛り上がることができる面白いアーティストです。

今回、四名の作品を持って行きましたが、ありがたいことに四名とも販売がありました。私たちスタッフとしても、とてもうれしい結果でした。

お客さまの反応としましては、やはりアートの街ニューヨークということもあってか、購入に慣れていらっしゃるお客さまが多い印象を受けました。ご家族やご夫婦、お友達などとお越しになって、作品の感想をすごく楽しそうにお話ししながら、「この作品は、家のあの壁に合うかな」などと真剣に吟味をして購入していかれました。

そうして購入されるときには、アーティストや作品について、さまざまなご質問をいただいたり、逆に、その作品の魅力について熱く語っていただき、私たちも「なるほど。そういう見方があるんだな」と楽しくお話をさせていただきました。そしてその中で、障がいのことを問われることはありませんでした。日本の場合は、アーティストに障がいがあるかどうかという側面が注目されやすいところがあって、私たちも残念に思うこともあるのですが、ニューヨークでは、その作品の良さや強さを一番に見ていただいているなという印象を受けました。

販売実績としては、四日間のアートフェアで八点販売でき、売り上げ価格は全部で約一〇〇万円、一番高かった作品は六〇万円でした。駆け足になりましたが、ニューヨークの報告は以上です。これから東京の報告を林からさせていただきます。

東京「アートフェア東京」報告

林　続きまして、東京の報告です。その前に、日本のアートフェアの状況について少しお伝えさせていただきます。

日本国内では、アートフェア東京が最大のアートフェアです。ニューヨークでは、アート・オン・ペーパーが現代アートという一つのジャンルでギャラリーが集まっているのに対して、アートフェア東京は、現代アートだけではなく、古美術や骨董、陶芸、日本画など、さまざまなジャンルのギャラリーが出展しているのが特徴です。大阪、名古屋、札幌、福岡などでは、ホテルの客室を利用したアートフェアも開催されています。アートフェア東京は三月に三日間開催されま

【開催概要】アートフェア東京

会期	2017年3月17日〜19日／プレビュー16日
会場	東京国際フォーラム ホールE
開催回数	12回目
出展数	150軒
来場者数	57,000人
来場料	1日券 2,800円

す。最近は、ニューヨークのアート・ウィークのように、アートフェア東京以外のフェアが同じ時期に近隣地域で開催されるようになりました。

アートフェア東京の会場は、東京国際フォーラムという展示会場で、今回（二〇一七年）が一二回目の開催でした。ギャラリーの出展軒数は一五〇軒、来場者数は五万七〇〇〇人でした。

インカーブとしては五回目の出展でした（二〇一七年時点）。ブースのサイズと費用に関しては、アート・オン・ペーパーのちょうど半分くらい、約一〇㎡、七〇万円でした。出品アーティストに関しては、ニューヨークでは四名出品しましたが、東京は五回目の出展ということもあって、阪本剛史さんの個展形式という形を試みました。展示作品が二二点と、ファイルに五七点。ファイルには、ニューヨークに出品した阪本さん以外の三名のアーティストの作品も入れて、現場に持って行きました。

できるだけたくさんのお客さまにブースに来ていただきたいという意味では、アーティストを一人に絞るよりも、複数名の違った作風を見せるほうが関心を

【出展概要】アートフェア東京

出展回数	5回目
ブースサイズ	W3.6×D2.7×H3m（9.72㎡）
出展費用	70万円
出品作家	阪本剛史の個展形式 ＊作品ファイルにて他3名も出品
出品点数	79点（展示22点／ファイル57点）

持っていただきやすいのですが、ブースの面積が非常に限られている中で複数のアーティストの作品が肩を並べると、一人あたりの出品作品数が少なくなりますし、それぞれのアーティストの世界観をお伝えしにくくなってしまいます。ですので、今回は五回目の出展で、ギャラリーの認知度もある程度高まってきたということもあり、阪本さんの個展形式をとりました。

この壁面では、上のほうには阪本さんがつくられたキャラクター単体の作品を配置して、下のほうには、そのキャラクターがお祭りや遊園地などさまざまなシーンに登場している作品を展示して、上下合わせて阪本さんの世界観をお伝えすることができるように工夫しました。

東京のフェアでも、アジアや欧米など海外からのお客さまや、ご家族連れも多く来られます。

先ほど、「作品ファイル」についてお話ししましたが、ブースの中に什器（ラック）を配置して、阪本さんの展示以外の作品や他の三名のアーティストの作品を置いて、関心を持ってくださった方にご提案させていただきました。

アートフェア東京

お客さまの反応としては、出展回数を重ねるごとに、ギャラリーに対する信頼度や認知度が上がってきているように感じています。美術作品は、やっぱり安い買い物ではないので、ギャラリーがどんなギャラリーなのか、信用できるのか、そういったことをお客さまも見られていると感じます。

ニューヨークの報告の中で、三宅からも少しお話ししましたが、日本で展示をすると障がいの有無について聞かれることがあります。インカーブでは展覧会をするときに、「障がい」とか「福祉」というような表記は一切していません。あくまで作品を観ていただく場所なので、作品だけを展示して、その説明をしていく形をとっています。その中で、障がいのことを聞かれることもたまにあるのですが、これまで、そういった側面から尋ねてこられるお客さまが作品を買われたことはないという印象です。作品を購入してくださる方は、作品が好きで飾りたいということを入り口にして入ってこられるんですが、その中でアーティストのことを説明していくと、作品と活動の両方に関心を持ってくださる方が多いように思います。

今回の実績としては、販売点数が一〇点で、販売価格は合計で約九〇万円、最高単価が一〇万円でした。一概にニューヨークと東京を比較するのは難しいのですが、最高単価でいうと、ニューヨークは六〇万円に対して東京では一〇万円と、少し差ができたなと思います。

こういったフェアの会場で作品が販売された場合に、そのお金をどうしていくのかというのは大事なことです。作品を発表するにあたって、額に入れたり、作品を配送したりといった必要経費を差し引いて、残りの全ての金額をその作品を制作されたアーティスト個人に還元しています。

実際には、ブースの出展費用や作品の輸送費、スタッフの渡航費等を合わせると、なかなか黒字になるということは難しいです。それは、インカーブだけではなくて、他のギャラリーも同じような状況が多いようです。なかなか黒字にはならなくても、二万人や五万人といったお客さまが来られる中で作品の紹介をできるということは、広報活動の役割も十分に果たすことになり、お金には換算できない部分もあると思います。

とはいえ、海外で発表するにはたくさんの費用がかかりますので、文化庁や民間の財団法人などが募集する助成金を獲得するように心掛けています。助成金についてはヒント集にも紹介しておりますので、ぜひご覧いただければと思います。

ここまではアートフェアの報告をさせていただきました。フェア会場には、創作活動をされている福祉事業所の職員の方であるとか、障がいのあるお子さんをお持ちの親御さんも、アトリエ インカーブのギャラリーが出展しているということを知って、来てくださいます。その中で、「実際にインカーブはどういうふうに作品を展示しているの？」とか、「どうやってアートフェアに出展しているの？」というご質問をたくさんいただきます。

今日は少しお時間をいただいて、インカーブが行っている準備や現場での実践を説明させていただきます。

日常の制作からアートフェア出展に至るまで

三宅　では、ここからは、フェアに向けての準備や実践ということで、「日常の仕事」「フェアに向けた準備」「フェアの現場」「フェアが終わってから」という四つの段階に分けてお話を進めていきたいと思います。

まず、私たちスタッフが日常的に行っている仕事として、アトリエで日々生まれてくるたくさんの作品の保存と管理があります。

作品が完成したら、作品の裏面や別の紙に、アーティスト自身に作品のタイトルと完成年月日を書いていただきます。アーティストの中には、自分で書かないという方もいますし、作品のタイトルを決めないという方もいます。その場合は、スタッフの側で「タイトルなし」として日付を記録します。

その後、作品のモチーフや画材などの情報をスタッフがアーティストから聞き取るなどして記録します。作品を販売したり、展示をする時には、お客さまから、「この作品はどういうふうに生まれたの？」「アーティストはどういうものを見て描いていたの？」ということを聞かれる場合があります。もしアーティストが答えたくないならば、伝える必要はないのですが、アーティストによっては、お客さまにしっかりと伝えてほしいと望まれる場合もあります。ですので、作品が完成した時や、アートフェアに持っていく前に、アーティストから作品の情報を聞き取りしています。

作品に関しては、カメラで撮影をしたり、スキャンをしてデータ化し、データベースに登録していきます。一点一点の作品に通しナンバーをつけて、作品のタイトル、制作年、素材、サイズなどの基本的な情報から、この作品をどの展覧会で展示したのか、または、どういったお客さまにお見せしたのかというところまで、細かく履歴をつけていきます。

作品自体は、無酸の保護紙にくるみ、専用の保管箱に収納、保管します。紫外線や虫、ほこりから作品を守ることは重要な仕事です。

もう一つ、スタッフが日常的にやっている大事な仕事としては、販売についてのアーティストの希望を聞き取るということがあります。現在、アトリエ インカーブには二五名のアーティストが在籍していますが、作品に対する想いや、作品をどう扱ってほしいのかという希望は一人一人違います。それぞれの希望に寄り添っていくこと。それがスタッフの大事な仕事だと思っています。

作品に対する想いはそれぞれですが、大きく三つのパターンに分けてご説明します。まずは、発表や販売の概念を理解されていて、それに対して前向きな要望を持っていらっしゃる場合です。その場合は、作品を販売すると手元からなくなってしまうということをお伝えした上で、「本当に販売していいですか。それとも、この作品は手元に置いておきますか」ということを、作品一点一点に対してアーティストにお尋ねしていきます。

二つ目は、それとは逆に、作品を手放したくない、見せたくないという場合です。その場合は、すべての作品を非売にして、公開することはありません。ただし、中には、「売るのは嫌だけれども、人に見せるだけならいい」「グッズに使うんだったらいい」と言われる場合もあります。その場合は、展覧会に出品するだけにとどめたり、グッズのデザインに使わせていただいたりという形で扱います。

三つ目は、作品の発表や販売の概念の理解が難しかったり、理解はされているけれども意思表示が難しいという場合です。何らかの意思表示はされていても、言葉や○×などのサインのように明確なものでなければ、スタッフが自信を持って判断できない時があります。そのような場合は、アーティストの日頃の様子や作品へのこだわりなどを踏まえた上で、まずはスタッフ間で相談をして、その上でアーティストの代理人やご家族と相談をしていきます。発表や販売については、一度進んでしまうと引き返すことが難しいので、より慎重に丁寧に検討しています。

こういった日常を積み重ねながら、フェアの準備を進めていきます。アートフェアに出展したいと思ったら、まずはそのフェアを調べる、視察するということが必要です。

ヒント集の中に、アートフェアの比較表を作成して掲載しています。こちらの比較表では、どういった地域で行われているのか。開催時期はいつ頃なのか。これまで何回くらい開催しているのか。お客さまはどのくらい来ているのか。こういったことを調べて比較し、自分たちのギャラリーやアーティストにどのフェアが合っているのかを検討していきます。

ただ、先ほどのような数字のデータだけでわかることというのは、実はそれほど多くはありません。可能であれば自分たちで足を運んで、アートフェアやお客さまの雰囲気を肌で感じるようにしています。

そして、フェアに大体の目星がついてくれば、そのアートフェアのウェブサイトで募集要項をダウンロードします。詳しい要件を確認して、出展するフェアを絞り込んでいきます。

出展したいアートフェアが決まれば、より具体的な準備を進めます。まずは、アーティストと作品の選定、そして、申請書を作成していきます。

インカーブでは、スタッフが作品とアーティストの選定をすることはありません。代わりに、外部の第三者の方にキュレーションをお願いしています。美術館での展示の場合は、美術館の学芸員の方。私たちのギャラリーの展示やアートフェアの場合は、アートやデザインの世界に精通している方にお願いをしています。

なぜかと言いますと、私たちスタッフが技術的に選べないというわけではないのですが、スタッフはアーティストと日常生活を共にしていて、とても身近な存在なので、そんな私たちが、どのアーティストを選んだ、選ばなかった、または、この作品を選んだ、選ばなかったとなると、アーティストの中に動揺が生まれてしまいます。

また、作品を選ぶということは、ある意味で評価に繋がります。スタッフが評価をするとなると、スタッフの目を気にして、思いどおり自由に創作できなくなってしまうアーティストもいるかもしれません。ですので、スタッフはそういった選定の行為は一切行わずに、外部の第三者の方にキュレーションをお願いしています。

そして外部キュレーターの方にアーティストと作品を選んでいただきながら、模型を使って展示プランを練っていきます。その展示プランを申請書に記入して

外部キュレーターとの作品選定の様子

フェアの事務局に提出します。うまく合格すればいいのですが、やはり不合格であることも多いです。今まで挑戦したアートフェアの中でも、受かった分の三倍は落ちています。つい二、三日前にも、出展したかったフェアに申請した結果が返ってきまして、不合格でした。とても残念ですが、やはりこの世界は、地道に根気強く挑戦を続けていくしかないなとも思っています。

　無事に合格した場合は、作品の準備、額装の手配、配送の手配、通訳者の依頼などを進めていきます。額の製作は、外部の専門業者さんに発注をしていますが、額の中に作品を入れたり、メンテナンスや作品の差し替えについてはスタッフができるように技術を身につけています。

　アートフェアの会場で必要なものについては、ヒント集に詳しく収録（本書p178～p197）していまして、どういうものを持っていくのか、どういうふうに使うのかということをお伝えしています。アートフェアには、作品だけではなくて、展示の道具もいりますし、フェアの様子を撮影するための機材も必要です。会場で配布する資料や販売の際に使う書類など、たくさんのものを持っていきます。

作品に関しては、美術輸送を専門としている業者さんの中でもアートフェアへの輸送を専門としている業者さんにお願いをしています。ほかのものは、スタッフが手荷物で持っていくこともあります。

あとは、通訳について、ちょうど今日はアート・オン・ペーパーの時に通訳をお願いした方が会場に来てくださっているのですが、海外フェアのときには、現地の言語が堪能な方に通訳者として同行いただいています。私たちもブースに立ちますので、ある程度の英語は身につけてはいるのですが、やはり細かいやり取りになってくると難しい部分も出てきますので、ネイティブの方がいてくださると安心です。

通訳をお願いする方には、事前にインカーブへお越しいただき、アーティストをご紹介して、制作風景や作品を見ていただいたりして、フェアの現場で、より的確に通訳していただけるように準備をしています。

このような準備を終え、いざアートフェアの本番を迎えます。アートフェアの現場では、設営、接客、撮影と、やることが盛りだくさんです。アートフェアの会期の前日や前々日に設営の日が設けられていますので、作品を壁に掛けたり使う書類などを机にセッティングしていきます。時間が限られていますので、その中で終えられるように二人でテキパキと作業していきます。

そして、会期がスタートしたら、お客さまをお迎えして接客をしていきます。販売が決まれば、著作権などアーティストの権利を守るための契約書を取り交わし、お支払いをしていただき、作品の配達の手配や持ち帰りの準備などを、全てアートフェアの現場で済ませてしまいます。

また、記録することも忘れてはなりません。アートフェアへ出展することは、アーティストにとってもギャラリーにとっても、重要な経歴になります。ですので、写真と映像でブースの様子を記録し、今後の広報や次のアートフェアの申請に役立てていきます。

そして、無事にアートフェアが終わり、日本に戻ってからまず行うのが、アーティストへのご報告です。それから、お客さまへのお礼、顧客情報の整理も行います。

アーティストには写真や映像を使ってアートフェアの様子をご覧いただき、「このような作品が何点売れました」、「このようなお客さんが購入してくれました」、そして、「お支払いはいつにします」とお知らせしていきます。そのときには、アーティストごとの担当スタッフが同席をして、アーティストが小さな疑問や不安を抱えていないかということを見逃さないように注意しています。

また、作品を購入してくださったお客さまはもちろんのこと、ブースでお話をさせていただいたり、アーティストや作品のファンになってくださった方、お世話になった方にお手紙やメールでお礼をお伝えします。

最後に、お客さまのお名前や連絡先をデータベースに登録し、今後のアートフェアや展覧会のご案内を差し上げられるようにしています。アーティストのファンになってくださった方というのは、とてもとても大切な方です。市場での一つ一つの出会いを大事にするために、丁寧に対応をしています。

ここまで、ざっとですが、アートフェアに向けての準備について、日常のことから現場でのことまでお話させていただきました。

林 こんな感じで、どの現場に出ても、大変なことを三宅がさっさとやってくれるので、僕は非常に楽をさせてもらっています（笑）。

今ご紹介したように、アートフェアに出るときには、たくさんの準備が必要です。たくさんの準備が必要だということは、それだけスタッフの手も取られてしまいます。たしかに、アートフェアに出ることによってアーティストの活動の場を拡げることができ、作品の売買によってアーティストの収益に繋げていくことができますが、インカーブでは参加回数を年に一、二回に絞っています。

その理由は、大きく二つあります。一つは、私たちスタッフがやるべきことは、あくまでアーティストとの日常を第一に考えるということです。創作のことはもちろんですが、日常の体調面や精神面の変化にも気づけるように、日々アーティストとコミュニケーションを取っていく。それを大切に、第一に考えていきます。

もう一つは、クオリティを高く保つということです。僕たちは、アーティスト

フェアに出展すること

- アーティストの活躍の場を拡げる
- 参加回数を年1、2回に絞る
（日常を第一に・クオリティを高く保つ）

の作品をお預かりして、それを発表しています。もし僕たちがいい加減に展示したり、販売をしていくと、結果的にそれがアーティストの印象にも繋がってしまいます。ですので、アーティストの作品の質に合った高いクオリティで発表していくということを心がけています。

アーティストの日常の制作のことと、発表や販売のクオリティを高く保つことを第一に考えていますので、準備から大きな労力がいるアートフェアへの出展は、回数を絞って集中するようにしています。

最後に、現場に立たせていただく中で、考えたり思ったりすることについて、三つだけお話をさせてください。

一つ目は、福祉には福祉の決まりやルールがあるように、アートの業界にもルールや常識というものがあると思います。例えば、ギャラリーを立ち上げるときには、東京や関西のギャラリーをたくさん見てまわりました。インカーブとしてどういった形で展開するべきなのか。あるいは、アートフェアに出展するときには、国内や海外のアートフェアにも視察に行って、肌で感じながら、アーティ

スタッフのこころがまえ

・知ることからはじめる
・あいだに立つこと
・簡単に売れるわけではない

ストとインカーブにとってどういった形で出展するべきなのか、あるいは、やめておくべきなのか。そういったことをしっかりと調べて慎重に考えることが重要だと思っています。

二つ目は、「あいだに立つこと」なんですが、アートフェアの会場には、本当にたくさんのお客さまが来られます。中には、全く関心を持たれずに、ブースの前をすーっと通り過ぎる方もいらっしゃいます。福祉とか、障がいとか、そういったことをご存知ない方もいらっしゃいます。そういったお客さまと丁寧にコミュニケーションを取りながら、アーティストと作品とインカーブのことを伝えていく。あいだに立つということは、私たちスタッフの大事な役割だと思っています。

最後に、作品は簡単に売れるわけではないということです。アートフェアに出はじめた頃は、「たくさん売れたらどうしよう」とか、そんな期待を含みながら、たくさんの作品を持って行ったのですが、三宅と現場に立ちながら、なかなか売れずに一日、二日過ぎていってしまうこともありました。そんな不安の中、最終日の最後の最後にお客さまが「作品が欲しい」と言ってくださったときには、ものすごくうれしく思うと同時に、そういった方々との出会いが、アーティストや作品の価値を広げてくれているのだと感じました。福祉の世界だけではなかなか出会えないような人たちとも繋がる機会になるという意味でも、アートフェアに出る意義や希望があるのではないかなと感じています。

少し駆け足になってしまったんですけれども、三宅と僕のほうから、アートフェアの報告という形でお話しさせていただきました。ありがとうございました。

シンポジウムにて　右から松井彰彦氏・今中博之氏

第五章

対談「市場×福祉」松井彰彦・今中博之

市場の匿名性

今中　このシンポジウムも終盤となりました。松井さん、どうぞよろしくお願いします。

松井　はい。よろしくお願いします。

今中　この対談では、私から松井さんに質問をして、それにお答えいただきながらキャッチボールをしたいと思います。あらかじめ、二、三のテーマを用意しましたが、基調講演ですでにお話ししていただいた部分や、我々が先ほど報告した部分もありますので、内容があまりかぶらないようにお話ししていきたいと思います。

まず最初に「市場とは、自立を助ける優しい場所なのか」ということを考えていきたいと思います。松井さんからは先ほどの基調講演でお話しいただいたのですが、もう少し「市場」について掘り下げてみます。「初球はインカーブで投げてください」と松井さんからお話をいただきましたので、ちょっと内角をえぐる球を投げてみます（笑）。

先日、松井さんが出演されている『オイコノミア（NHK Eテレで二〇一二年から二〇一八年まで放送された経済学をテーマにした番組）』を拝見しましたが、その中で、「市場は匿名性がある」ということをおっしゃっています。その「匿名性」についてご説明いただけますか。

松井　はい。簡単に言ってしまえば、市場は、その名前だけで差別される場ではないということです。市場には選択肢がいろいろあって、Aが駄目でもBがあるし、Bが駄目でもCがあると。それを担保するという性質を匿名性と言ったりします。

今中　なるほど。先ほど私やインカーブのスタッフが話した内容で、「皆さんに違和感を与えたかもしれない」と思うのは、インカーブのアーティストの作品を発表するときに、彼らに障がいがあることを伏せている、というところです。これは私たちにとっての匿名性なんです。つまり、障がい者がつくったということを表明せずに、アートフェアに参加をしている。ある意味、その属性を隠しているわけです。

そうしたときに、気になることがあります。「障がい者アート」というように属性をはっきり打ち出して取り組んでいる方々からすると、それはアイデンティティというものを潰しているのではないかと。私は身体障がいがあるにもかかわらず、身体障がいということを表明せずに世に出ていくのと同じことを、インカーブは行っているわけです。

それは何かちょっと引っかかる。市場の匿名性というのは、そういうジレンマも生まれてくるものですか？

松井　属性を隠す必要は、必ずしもないと思います。私自身は、属性だとはあまり思っていません。先ほど林さんと三宅さんからのお話にもありましたが、作品を購入するとなると、結構なお金を払うわけですよね。

今中　ええ、ええ。

松井　私も阪本（剛史）さんの作品を買わせていただきました。今年二月、ニューヨークのアート・オン・ペーパーに行かれる直前、たまたま今中さんのオフィスを訪ねたときに、その作品を見て「ああ、これ、面白い」と思って、ニューヨークに持っていくために梱包しようとしているところに手を出して、買わせていただいたんです（笑）。いや、あの金額は、その作品が気に入らないと、やっぱり手は出ないです。そこが、市場の一つのポイントかなという気はします。

今中　なるほど。よくこういったシンポジウムでテーマになるのが、「名付け」なんです。「障がい者アート」と呼ぶのか、「アウトサイダー・アート」、「アール・ブリュット」、「現代アート」と呼ぶのか。その定義づけの議論が、いつどこへ行ってもあるし、私もそういう話をしてしまう。そこに何か一抹の、もやもや感というのがあるんです。その匿名性を表明するもやもや感。

今日の話に戻ると、市場というのは、匿名性を担保しているのですね。

松井　そうだと思います。逆に言うと、その表明する、表明しないという自由も、設定も、その表明する、しない側、つまり、インカーブさんの側、あるいは、アーティストの側にあると思います。そこも含めての匿名性でしょうね。だから、それは何か物を売るときに宣伝文句として、と言うと失礼になってしまうかもしれませんが、そういう意味では、あまり構えなくてもいいものかなと思います。

今中　そうですね。

松井　そこは、たぶん考え方が違うんじゃないかなとは思うんですけれども。要するに、そういうのも意思決定の内で、自分で決められることです。そこが重要ですね。

今中　私が決定できるということですね。

松井　はい。私ないしは、インカーブさんの場合であれば、今中さんが決定できる、あるいは、アーティストの方が決定できると。そこが重要なポイントです。

逆に言うと、アーティストさんの側が、アーティストとして推してほしいというのであれば、それを尊重するのがインカーブさんの役割になってくるかと思います。

今中　なるほど。こういう場合はどうですか。アーティストがノンバーバルだった。意思表明がむずかしい。そうしたときに、それを聞き取るスタッフの意思決定がどうしても働きます。そうしたときには……。今、困られていますか（笑）。

松井　（笑）いえいえ、全然。大丈夫です。

今中　それは、私がいつも困ることなんですが、その場合、スタッフが上でアーティストが下という上下関係ができると思うんです。アーティストの中には、長い方だったら、もう二〇年近くお付き合いがある方がいます。先ほど林と三宅も言いましたように、動作や表情を見て、ご本人の意思を汲み取ろうとします。けれども、「ほんまにわかっているか」とも思います。

松井　それは障害のあるなしにかかわらず出てくる問題だと思います。間に立つ人が相手の意図をどれくらい汲めるかというのは、「いや、健常者だったら主張できるでしょう」と言っても、本人は本心でそう思っているとは限らない。そういうふうに言わされて、そういう力関係があるから、「ああ、いいですよ」と言っているかもしれない。

そこまで考えると、例えば、知的障害者で意思表明ができないからとか、そういうのは関係ない問題だと思うんです。その人が何を思っているのか、いかに読み取るか、そこの問題です。

私も大学の教員なので、学生の指導をします。学生がどういう研究をしたいかという話の時、彼ら、彼女らが、本当は何を欲して、何をやりたいのかを引き出したいと思っているんですけれども、それが本当に引き出せているかどうか。「学生とはいえ研究者なんだから、自分でしゃべれるでしょう」と言ってしまえばそれまでですが、なかなかそうはいきません。それと全く同じ問題なので、障害の有無と切り離して考えるべき問題だと私は思います。

今中　うんうん、なるほど。

ジレンマという言葉を、福祉業界ではよく使うんですね。ちょっとズレたお話になるかもしれませんが、新聞などでよく取り沙汰される、入所施設での暴力事件。暴力をふるうのは誰だといったときに、大半が職員です。職員が、日常生活を共にしている彼らを、性的な暴力も含めて虐待しているケースが、ニュースに出ている以外にもたくさんある。

スタッフが、彼らの意思とか、言葉にならないものも引き受けるとなると、これはまた大変なお仕事です。本当に聞き取れているのか、聞き取れていないのかというジレンマをいつも抱え、結果的に答えは出ない。そういう意味での精神的な重労働感というのが、介護する体力的な重労働以上に募りがちです。

松井　程度問題は、当然あると思います。福祉に携わっている方々の、そういう思いで、重労働だというのはすごくよく分かります。だけど、これもどこにでもある問題だと私は思います。職員以外に、家族にも多いのではないでしょうか。

極端な話ですが、例えば、銃社会のアメリカは、銃による犯罪がニュースによく取り上げられています。家族や近親者に撃たれてしまうというケースが圧倒的に多いのですが、怪我で済んだり、たとえ亡くなってもニュースになりません。

ニュースになるのは乱射事件だけなので、実際の銃に関するニュースの件数としては本当に多いんです。やはりそういうことは、どうしても、どこにでもあります。

大学も、研究室などは、ある意味で閉じられた空間です。そうすると、やっぱり教員と学生の関係とか、実際に殴る蹴るは、今はほとんどないですが、言葉の暴力とか、どこまでがアカハラでどこまでが指導なのというと、結構難しいところがあるということは思います。

今中　なるほど。

次に「定義をつける」ということについて考えてみます。例えば、デザインでも、「これは、こういうデザインですよ」「こういうカテゴリーですよ」と言えば、お客さまは分かりやすいので、市場に繋がりやすく、購入しやすくなる、という側面があります。

ただ、その定義づけをすれば、必ず二つに分断される。定義づけした分野とそれ以外の分野です。それを、この福祉の領域で考えたときに、アウトサイダー・

アートでも何でもいいのですが、「新木友行さんの作品は、Aというカテゴリーですよ」と表明するメリットとデメリットはどこにあるのでしょうか。

松井　定義することで？

今中　ええ。市場というフィルターを通して、定義づけすることによって、「新木さんはAなんです」と、あるカテゴリーに入れました。それは市場にとっては有益ですか。

松井　それは場合によると思います。それも、先ほどからの話と同じですね。私は、芸術と学問、科学ってとてもよく似ていると思っています。我々も研究者なので、新しいものをつくらないと全く意味がありません。そのときに、自分たちの作品、研究内容をどうカテゴライズするかというのは、いつも悩む問題です。完全に「こうです」というふうに決め打ちすると、それで広がりがなくなってしまうこともある。でも、ある程度は名前をつけてあげないと、何か宙を漂っているようになってしまうこともある。それは、その都度都度で、最適なところを作品ごとに探る必要があります。

今中　なるほど。

松井　経済学者の我々も、「自分の作品をどう売るか」という表現をよく使います。実際に値段で売れるわけではないんですよ。雑誌、ジャーナル、国際学術誌に載せようというときに、では、これをどう位置づければ売れるかということを、常に考えています。それは、さくっと広い分野として考えるのか、狭い分野と言うのか。それは悩みどころです。

今中　その名付けをする研究論文とかフィールドをリサーチされて、ここだと決め打ちされるのは、松井さんご自身ですよね？　自分の論文ですから。

松井　自分の論文はそうですね。

今中　自分の論文をこのジャーナルに出そうというのは、自分で意思を持っています。

松井　そうです。

今中　そこが、我々の難しいところです。

主体は誰にあるのか。どの福祉の教科書を開いても、主体はアーティスト、利用者であるということが書かれています。でも、その利用者は、このジャーナルに出そうということを意思表明しにくい方というのが、今、松井さんがおっしゃったのと違うところなのかなと思うのですが。

松井　同じなんですよ。

今中　同じですか。

松井　例えば、私の論文のときには、もう常に私が決めます。けれど学生の頃は、やっぱり指導教員に相談して、意見を聞きます。今では私は逆の立場になりますが、結局、そこでコミュニケーションのキャッチボールをして、それで決めていくと。

今中　なるほど。

松井　「どっちが決めたの？」というと、なかなか難しいところがあると思うんですよ。だからそこは、実はそんなに違うことではないんです。アメリカなどでは、我々のような科学分野は、アーツ・アンド・サイエンスと言いますよね。やっぱり芸術と科学というのはよく似ていて、そこに、いいものをつくった、つくっていないはあるんですが、属性はそれほど変わらない。そういうところかなと思います。

自分で「フラッグ」を立てる

今中 松井さんには、聞きたいことがもう山ほどあるのですが、時間も限られているので次の話に移ります。これもNHK Eテレ『オイコノミア』を拝見したときに、松井さんが主張されていて気になったワードがありまして。「自分でフラッグを立てる」というお話です。

松井 はい。

今中 自ら旗を揚げる、としたときに、その旗を揚げることによって、ストレスフルな状態に陥る可能性が大いにあります。誰もが旗を揚げられるわけではない。では旗を揚げられない人は、どうしたらいいのでしょうか。

松井 それも、市場や経済の物の見方からすれば、揚げたい人に揚げてもらえばいい。揚げられる人で、揚げたい人に揚げてもらうのがいい。そういう言い方になると思います。さらに、揚げることで、明らかにほかの人にもプラスになる、同じ病気、難病を持っている人が、手を挙げて、「私はこういう病気です」「障害です」と表明することにつながります。例えば、うちの研究チームのメンバーで、本人は難病で、手を挙げて、仲間を集めて、医者を巻き込んで、センターをつくった人がいました。そういうふうに手を挙げられる人は、ほかの人にもプラスのものをもたらしているので、経済学では「公共財」といいます。公共に福祉する、そういう財を提供できる人と言えるわけです。そういう公共財を提供する人の価値は、かなりあります。

今中　これも、以前に松井さんとお話ししたことがあるかもしれませんが、例えば、アメリカの公民権運動。例えとしては極端な話ですが、公民権運動の活動家であるマルコムXとキング牧師は、結果的には射殺されますよね。

松井　そうですね。

今中　歴史的には不幸なことです。でも、そうやってフラッグを揚げることで歴史が動いていったという事実はあります。

松井　そうですね。公民権運動は、当時のアメリカのマイノリティである黒人の権利を守る運動です。これに歩調を合わせる形で、アメリカでは障害者運動も盛り上がりを見せたという歴史があります。誰かが手を挙げる。その手を挙げる人は、強制はできません。そのような性質のものではないのですが、ただ、そういう手を挙げるという行為が生み出す力というのは、やはりものすごく大きいと思います。

今中　手を挙げる方は、まず発話力があると思うんです。発話力があって、行動力がある人たちとなると、現実は、非常に少ない数なんですかね。例えば、障がい者運動にしても、今日のテーマでもある市場化できるグループとできないグループがあったりと。全員が市場参加ができるわけではないのでしょうか。つまり、フラッグを揚げられるわけではない？

松井　フラッグを揚げることが市場参加である、というよりは、フラッグを揚げる人は、たぶんインカーブさんと同じで市場をつくろうとしている人です。この市場ができてくると、フラッグを揚げるところでは手を挙げられなかった人が集まれる。先ほどの難病の話でも、それに手を挙げた人がいて、センターができたから、そこの病院に患者さんが集まって症例が出る。そうすると、研究を結べます。そういうことでプラスの効果が生まれるということはあると思います。

だから、私がインカーブさんに非常に惹かれたのは、まさにやられていることが、市場をつくろうとされている、参加できるようになっている。そこがとても面白いと感じました。

今中　市場というのは、多様な人たちが繋がっていくところなんですね。顔の見えない方と繋がっていくのが市場のおもしろさ。

先ほどの松井さんの、『手袋を買いに』のお話の中で、「一定のルールがある」というのがありました。狐であっても商売は商売だと。人間じゃなくても、お金はお金。二枚の白銅貨をカチャンカチャンといわせて、帽子屋のご主人さんが「ああ、これは偽物やないんや」と。「それなら、売りますわ」と。この一定のルールを言い換えたら、市場の規範とか、そういう言葉になっていきますか。

松井　そのとおりです。

今中　人間として持っている、そういうものなのでしょうか。

松井　そうです。そういうことだと思います。

今中　その規範を外れれば犯罪に……。

松井　いや、それは、どのくらい外れるかにもよりますが。

やっぱり盗もうとしたら、それは犯罪なので、これは規範からだいぶ逸れた行為ですよね。ちょっとだけ外れた場合に、どうなるかというのが、その市場市場で変わってくると思います。

今中　なるほど。

松井　お作法みたいなものです。だから、アート市場、アートフェアに出展するときもお作法が必要で、その市場のことをいろいろ調べないといけないんだと、先ほど林さんと三宅さんが言われていましたね。それと同じようなところで、それをちょっと外したから犯罪かというと、そんなことはなくて、程度の問題です。

今中　我々はアートフェアには、これまで一一回出展して、売上もあげていますが、もともとは素人です。初めからアートフェアとは何たるかなんて全く知らなかったのです。

私は、もともと商業デザインを生業にしていたのですが、アートの市場、アートフェアのつくり方なんて全く知りませんでした。ただ、先ほどもスタッフが言いましたけれども、予備のトレーニングというか、それに至るまでには、とても時間がかかりました。初めは、本当に負け試合ばっかりだったんですが、最近、ようやくポテンヒットが出るようになりました。当たりの前のことですけれども、やっぱり回数を重ねていく、地道に活動していく必要があるんだなというふうに思います。

松井　そうですね。市場をつくるというのは大変な作業なんですが、だからこそその試みは重要で、誰にもできることではないんですが、大変必要な試みです。しかも、いろいろな分野で必要なんですよね。

今中　松井さんから見たら、障がい者のアート市場において必要不可欠な能力とは何ですか。

松井　必要不可欠な能力ですか。特に、障害者の方のアートだからということで必要なものは、私はないんだと思っています。人と人を繋げるためにどうすればいいかというのは、もう全ての基本です。それこそ日本の近江商人の「三方良し」、売り手良し、買い手良し、世間良しですね。この気持ちが、やっぱり基本の基なのではないかなとは思います。

今中　いま近江商人の話が出たので、それに続けてみたいんですが、インカーブでは同じく運営理念のようなことで、「閉じながら開く」ということをよく言うんですよ。この分野は、開いてばっかりではよくない。例えば、市場に参加するばかりだとよくないような気がしています。

我々と毎日一緒に過ごしているアーティストの中には、精神的なバランスを崩しやすい方も多い。今日のシンポジウムも、売れる、売れないという話が中心でしたが、「売れたからそれでいいのか」と言われると、そうではないケースも多々あります。

例えば、売れることによって、次に売れなかったときに、気持ちがザワザワする。例えば、アートフェアの展示一つを取り上げても、今年展示されても、来年また展示されるとは限らない。インカーブでは、売れても、展示されても、スタッフは喜ばないようにしています。売れたからといって喜ばない。展示されたからといって喜ばない。売れた、展示された、その時は確かにうれしい。でも、それが続くかと言われると、分からない。

その気持ちのざわめきを、酒を呑んだりとか、何か見に行ったりとかで解決できる人はいいんだけれども、それができにくい人がインカーブには多い。山や谷を極力なくすように心がけています。つまり、盛大な喜びはないけれど、悲しみを最小限に抑えようというおもいです。

松井　今日は今中さんからの球を全部打ち返そうという気構えでやっているので、ここも同じく打ち返してみます。

今日は何をポイントとしてお伝えしたかったかというと、障害は何も特別なことではないという一つのメッセージです。逆に言うと、それはどこにでもあるということです。全部私の職業に結びつけている感はありますけれども、論文が出る、出ないで一喜一憂する学生、研究者と全く同じなんですよ。研究者であっても、特に定職がない人は精神的にまいってしまいやすいです。

東京大学にはバリアフリー支援室というのがあって、学生及び教職員の支援をしているのですが、肢体不自由や知的障害者の方に加えて、最近新たに精神障害の方の対応をし始めました。現在、そのバリアフリー支援室に相談に来る東大生は精神障害の方が非常に増えています。統計は取っていませんが、研究室でも、学部生の間でも、大学院の間でも、精神的にしんどい方が多くて、これをどうマネージしていくかというのは、かなりの問題です。

「論文のパブリケーションが、いい薬」と、よく言われますが、先ほどの話と同じようなことがあって、論文が売れたときでも「今回は、先生に随分見てもらったから売れたんだろうな」と言って落ち込む学生もいたり、「次に、自分一人で書けるんだろうか」と悩む学生もいたり。就職が決まっても、「これで就職しちゃって一人でやっていけるのだろうか」と、こう思う学生もいるんです。

今中　なるほど。近いところはありますね。

松井　だから今日、今中さんからの球の打ち返し方は全部同じで、もうそこは、障害はあまり関係ない。みんな、多かれ少なかれ悩んでいる。それが特に強く出ているという、その程度の問題はもちろんあると思いますが、悩みは同じというところはあると思います。

今中　なるほど。

新しい公と民のコラボレーション

今中　以前お伺いした「二段ロケット」の話を思い出しました。ロケットが二つに分かれるとして、基段の部分が社会福祉、上段部分が民間、市場みたいなものがあると。福祉の下支えがなかったら、私は生活ができない。今日もこの舞台に上がるために、一人では階段を登れない。でも、先ほどみたいに、スタッフに手を引いてもらう、つまり福祉の下支えがあればここに上がってこられる。

それを、松井さんは、「新しい公と民のコラボレーション」として、新聞等に書いていらっしゃいました。これからは公と民が合体することが重要ですか。

松井 十分あり得ると思います。ただ、公に頼り、依存しちゃうと、これはまた命綱のお話に戻りますが、やっぱり自立できないんです。だから、公はあくまでも下支えで、そこをベースにして、いかに市場に打って出るか。ないしは、市場の力を借りていくか。ここが重要なのかなと思います。

今中 では、これはどうでしょう。今日、この会場には、東京藝術大学や金沢美術工芸大学の教員や学生、新進芸術家の方も来られています。私の夢は、彼ら、彼女らに社会福祉の分野に入ってきていただくことです。異分野から福祉に入ってくるのがいいのか、福祉から福祉に入ってくるのがいいのか、松井さんはどちらがいいと思いますか?

松井 私は、どんどん交流が進めば進むほどいいと思います。

今中 異分野から福祉にと。

松井 いや、どっちでもありだと思いますよ。やっぱりそこで自分を生かしたいと思っている人が入ってくれるというのが、とにかく重要で、そこで別け隔てをする必要はないと思います。福祉の分野から福祉に入ったって、それは素晴らしいことですよ。それを深めていただければいいことだし、異分野からまた別な視点で福祉の現状を見ていただくというのもいいし。そこを自分の意志で考えていく。それを「あなたはこの分野だから駄目よ」とか、そういうふうに別け隔てしないカルチャーが、たぶん大事かなと。それが、まさに本来の市場の在り方ですよね。

今中　福祉分野のアート活動で一番弱いのは、社会福祉を学んだ人間がアートをかじっていくことの限界です。それがこういう業界の弱さに繋がっていると私は思っています。

インカーブのスタッフには、全員が「福祉とアートの両輪」を目指すことを望むのですが、実際には非常に難しいですね。

現実は、スタッフの半分は福祉専門職。あと半分は、アート、デザインの専門職にする。それで、両輪を構えたのだというのも、大いにあるプランではないかと感じています。そのあたりはいかがですか？

松井　はい、まさにおっしゃるとおりです。アダム・スミスの『国富論』の中で、最初に言っているのは、実は市場の話ではないんです。一番初めに言っているのは何かというと、分業による協業という話をしていて、違うことをやりながら同じ目的に向かって進むことで、生産性が何倍にも上がりますということを、ピンの例を使ってアダム・スミスは議論してくれます（ピンの製造工場では、一人で作業の最初から最後までを担うよりも、複数人で作業を分担＝分業する方が効率と生産性が上がるとされている）。これは、何にでも当てはまって、結局、一人でできることは少ないんですよね。

我々は、自立している、自立していると、こう偉そうに言っていますが、例えば私だって、ここに来るのに新幹線がなければ来られないし、それ以前に食べることだって、そういう意味では、ほとんどのものはマーケット市場に依存しています。

そういう中での自立なので、いろんなものに頼って、いろいろなもの、いろいろな人たちと分業して社会が成り立っています。それは一つの組織だろうが、社会全体だろうが、基本的には同じです。それぞれの得意なところを生かして、いかにそこに貢献するかというのが大事かなと考えます。

今中　なるほど。

市場との接続を図るために必要な仕掛け

今中　お時間があと一〇分ほどになりました。最後のテーマとして、市場との接続を図るために必要な「仕掛け」とは何か、お聞きしたいと思います。松井さんは以前、市場の本質というのは、数を試していいものだけが残るというコメントをされたことがありますよね。つまり、できるだけチャレンジして、途中でうまくいかないことが起きてもそれに執着せずに、一本道を行きなさいよということでしょうか？

松井　そうですね。はい。

今中　市場というのは、まず数を試すということ。それが本質ですか？

松井　トライがなければ、何も生まれないですよね。それはそうだと思います。

今中　なるほど。

松井　数の多寡ではなくて、試すということが大事ですね。だから我々も、学生によく言うのは、論文は書かなければ絶対にパブリッシュできませんということです。やっぱり学生は怖がるんですよ。学術誌に論文が掲載されるためには、査読者、レフリーがチェック、評価し、それは匿名で行われます。これはまさに誰かわからないようになっていて、査読後はそこからレポートが来て、大体の場合は辛辣なコメントが書いてあるわけです。

学生は、そんな匿名の相手からの厳しい対応に耐えられるかと、躊躇してしまうんです。だけど、そのときに私が言うのは、出さなければアクセプト（受理・学術誌へ掲載）されないから、意思決定しようということです。やっぱり市場に入ろうとしなければ入れないということだと思います。

コミットメント＝信念

今中　以前、松井さんは、市場に入るときに一番大事なものは「コミットメント」であると話されていました。私は、「コミットメント」といったら、「公約」や「約束」と訳するのかと思ったんですが、松井さんは、それを「信念」とおっしゃった。それがストンと結びつかなかったんです。「コミットメント」が「信念」という、そのあたりをご説明いただけますか。

松井　これに関しては、哲学者のデカルトが、その著作の中で「マキシム」といわれる、三つほどの自分の生きる行動原理みたいなものについて述べています。その一つが、「いろいろ迷いに迷った後に、一旦決めたら、そっちの道にとにかく行ってみよう」ということです。例えば、森の中で迷った時に、森から抜け出すにはどうすればいいかと、あっちでもない、こっちでもないとぐるぐる回っていると、いつまで経っても迷いっぱなし。どうかするると同じところをぐるぐる回ってしまう。堂々巡りになってしまう。

そうではなくて、こっちならこっちというふうに一旦決めたら、その方向に真っすぐ行く。そうすれば、いつかは思いから抜けるのであると。必要なのは、こっちに行こうという意志、信念。これが大事なのではないかということです。

今中　そもそも経済学というのは、もっと数学的なことをするのかなと思っていたのですが、この話を聞いたときに、イメージが変わりました。

松井　私は、普段はもうほとんど数学者のような感じですけれども（笑）。

今中　数学的なことをおっしゃるのかなと思っていたんですが、「信念」と言われると、それは、柔道とか、剣道とか、どっちかいうと魂の話のようでびっくりしました。

松井　いや、同じなんです。そういうコミットメントが大事ということです。

今中　私はとても面白いと感じました。

最後になりますが、私は先ほどお話をしたように「山高ければ裾広し」という理想を掲げています。例えば我々で言えば、山を高くすることによって、作品至上主義ではないかと非難されるケースが多々あります。それは、障がいというものに着目していないのではないか、作品の善し悪しだけを言っているのではないかという批判です。

そのときに私が思うのは、我々がどの分野に行こうとしているかというと、美術なんですよ。美術というのは「搾取」の要素がある。福祉とは真逆です。なぜ搾取かというと、例えば、ある美術館でAというアーティストの展覧会が開催されることが決まる。この時、Aをピックアップし、B、C、Dという作家は捨てるという選択がなされているわけです。私は、これは美術界で行なわれている搾取だと思います。そういう意味では、平等を重んじる福祉とは全く違う方向を向いているところに、我々は参入をしていっている。そこには、とても大きなジレンマが存在しています。

でも、作品を評価していく、価値づけしていくということで頂を高くする方法を我々は取っています。ただ、その考え方は、あまり広がりません（笑）。

松井（笑）。

ここはもう徹底して、私の打ち返し方法は同じに揃えます。もう学問の話と企く同じで、我々もよく論文を海外の学術誌に載せます。これが大事だと言っていると、必ずパブリケーション至上主義だとか言われます。それから、どうかすると、ひどい場合には、海外と言った途端に、西洋かぶれみたいに言われたりとか。そこは、それぞれの方向で頑張ればいいことです。だから、アトリエ インカーブさんの芽を摘むのではなくて、私は別なやり方もあるぞと。

今中　そうですね。

松井　その別のやり方でも、いいところもたくさんある。特に福祉の場合には。それで、両方できる環境というのが、私は大事ではないかと思っています。もちろん、経済学者のほとんどが市場を完全だと思っている人はいなくて、市場が完全だとうまくいくよという話は、五〇年以上前、一九六〇年代に研究としてはとっくに終わっているんです。

なので、今の研究は、市場が不完全だということを認識した上で、どうすればその市場ないしは経済が、社会がうまくいくかという話、ここにどんどん芽が出てきています。教育の話も、障害の話も、全部を市場化すればいいというわけではもちろんない。ただ、そのポイントは、やはりいろんな人がいろんなことを試していく中で、お互いに高めあえるのであれば、それがベストだということを思っています。

インカーブさんの真似をする必要は、私は必ずしもないと思います。ただ、インカーブさんのような活動に共感する方がいらっしゃれば、それを盛り立てるように、その市場の厚みを増していく活動が興り、もしかしたらプラスになるかもしれないですね。

それには、やっぱり宣伝も必要です。インカーブさんがどこまで成功しているか、私は知りませんけれども、今日この会場に来られている方は、ご関心がおありだと思うんです。インカーブさんの活動を批判的に見守るというのは、私は非常に大事なことだと思っています。我々の経済学と同じで、経済学の研究を批判的に見ていただく、接点を持っていただく。その中で、議論なりいろんな形で、お互いに切磋琢磨していく中でいいものが生まれてくる。アートに限らず、社会環境にしても、生活環境にしても、いいものが生まれてくれれば、それがいいのではないかと思います。

今中　ありがとうございました。いいお時間になりました。

福祉と経済というものが「水と油」のように我々は考えがちです。特に、社会福祉をやっておられる方のほうがそう考えがちなんだけれども、そうではなくて、きっと相乗りして、お互いが交わっている部分が多々あるのだということを、松井さんとお話をして理解ができました。

社会福祉の分野に経済学者の方をお招きして、正面からこういうお話を得る機会というのは、今までほとんどなかったはずです。「福祉と福祉」とか、「福祉とアート」とかいう組合せはあったんですけれども、「福祉」「アート」「経済」の三つをクロスさせれば、また違った意見と方向性が出てくると思います。

最後に一言だけ。私は今この団体の代表をさせてもらっていますが、少し引いた目で見ますと、いびつなチームだと思いますね（笑）。とにかく、アート活動しかやってないんですから。

インカーブのようなところが日本にたくさんできたら幸せかといったら、きっとそうではないです。うちは、作品を制作する以外にすることはありません。つまりインカーブには、逃げ道がないんです。作品づくりが、「うーん、面白くないな」と思っても他にすることがないんです。作業がない。ただ、一、二年、筆が止まっている方はおられます。でも、それでいいんです。そもそもは描きたいんですから。描きたいからインカーブに来られるんだけれども、描きたくないとなったときに逃げ道がない。

でも、「描きたいぞ」という方にとっては天国、というのを皆さんに最後にわかっていただきたいなと思います。私がインカーブから退けばわかりませんけれども、私がやっている以上は、これからブレることはありません。ただ、今から皆さんがこのような活動をされるのであれば、もう少し逃げ道をつくったアトリエのほうがいいかもしれません。私にはできなかったのですが。

お時間も来ました。本当に長い間、ご清聴いただきありがとうございました。松井さん、ありがとうございました。

松井　ありがとうございました。

Q&A シンポジウム会場でいただいたご質問に今中博之がお答えします。

アートフェアやアトリエといった芸術に関するビジネスが成立する条件は何でしょうか？　福祉性と芸術性の評価軸を広めていく方法などを知りたいです。

芸術に関するビジネスを成立させるためには、作品の評価をはっきりつけなければならないと思います。そのために、障がいのある人の作品を評価する立場にある学芸員の関心と能力を高める必要があると考えます。平成三〇年度の文化庁概算要求の中でも、アート市場が活性化するには、美術館において作品の適正な評価や価値付けが必要だと指摘されています。（参考：文化庁関係予算 平成三〇年度概算要求 参考資料 p.42「アート市場活性化事業」）

また、福祉性と芸術性の評価軸を広めるためには、両分野で「理論的な支柱」を立てていく必要があると思います。福祉性と芸術性を兼ね合わせ、現場の実践を言葉にできる研究者の存在が不可欠だと感じます。

クラウドファンディングで資金を募る際、アイデアやアーティストの面白さ、リターンの良さ等をもっと押し出すべきだったのではないでしょうか？　いきなり障がいを持って寄付を募ろうとしているように見え、アートフェア等で障がいを表に出さずに展開していることと矛盾があると感じました。

シンポジウム開催費をクラウドファンディング（レディーフォー）で募集したことに関するご質問です。

初の試みとなったクラウドファンディングでは、八八名の方からご支援をいただきました。シンポジウム開催費をつのるにあたって、インカーブの事業だけでなく、本シンポジウムのテーマ「障がいのあるひとの創作と市場」についても丁寧にご説明したい、という想いがありました。そのため、「障がい」について触れる部分が多くなってしまったと感じています。

とはいえ、これまでインカーブを見守ってきてくださった皆さまには違和感の残る打ち出し方だったかもしれません。ご指摘いただいたように、今後はインカーブの取り組みと矛盾がないよう、慎重に言葉を選んでまいります。

学校教育の中で、アートを通じたオリンピック・パラリンピック教育はどのような考え方、方法が望ましいとお考えでしょうか？

「オリンピック」と「パラリンピック」の融合が必要だと考えています。「アート」は健常者も障がい者も関係なく、平等に参加できます。「アート」にはそれだけの可能性があると知ってもらうことが重要です。かけっこしたら障がいのある人は負けるかもしれませんが、キャンバス一枚と鉛筆一本あれば、障がいの有無に関わらず同じラインに立てるのです。学校教育でこのような機会が得られるのは、美術、図工、音楽等に限られるのではないでしょうか。

具体的な例として、二〇一六年からインカーブのアーティストが小学校に出向いて行っている授業があります。アーティストと生徒の皆さんが同じ画材、時間、モチーフで絵を描き「アートの可能性」を感じてもらう機会となっています。

アーティストの自立を目指すならば、今日の松井先生の話にあったように、インカーブだけが命綱にならないこと（つまり他の画廊での展覧会開催や、他のグループ展への参加等）も必要だと思われますか？

アーティストがそれを望み、環境が整っているならば、それも選択肢になると思います。しかし、ここでいうアーティストは、「知的障がい」という生活の困り事をもっている方々なので、一概に様々なギャラリーと契約を結ぶことがいいとは言い切れません。そのストレスによって、障がいが重度化する危険性をはらんでいるからです。

ただ、インカーブのように福祉的な観点を持った上で生活のケアをしながら、展覧会を開催したり市場に繋げたりというギャラリストがいるのであれば、太い命綱になると思います。しかし現在はそのような団体が少ないようです。その命綱を増やすために、有給インターンシップ制度「［おなじ釜の飯］プロジェクト」を行っています。

〈［おなじ釜の飯］プロジェクトとは〉他事業所スタッフや学生の方にインカーブのアーティストたちと一緒に過ごしていただきながら、日常生活のケアや制作のサポート、作品の展示販売など、インカーブのノウハウをお伝えします。また、思考を深める勉強会もします。インカーブで得たものを勤務先の事業所や学術研究で活用いただき、障がいのあるアーティストの創作活動をサポートできる人材育成につなげます。

「市場化＝経済的充足≠幸せ」でしょうか？　市場化に何を求めるのでしょうか？　また、障がい者本人の幸せは何だと思いますか？

アートの価値には、名声などの〈社会的価値〉、値段がつくという〈商業的価値〉、アート作品そのものに宿る〈本質的価値〉の三つがあるといいます。これらには価値の高低のグラデーションはありますが、つくり手の属性に関わらず、必ず生まれます。

「市場化によって経済的に充たされる幸せ」は商業的価値にあたり、幸せの一つであると考えます。市場化に求めるものは、アーティストに収益を還元することと、作品を価値化することです。経済的充足だけが幸せだとは思いませんが、不要なものとも思いません。この幸せを否定したら、アーティストが無償で働くことを良しとすることになります。

障がいの有無にかかわらず、「幸せ」とは、自己実現の欲求を満たすことです。欲求にフタがされているのなら、そのフタをあけるお手伝いをしていくことがスタッフの仕事です。

障がい者によるアート作品は、一人で完結する場合が多いですが、障がいのないアーティストや一般の方との共同作品の取り組みはされていますか？

インカーブではそのような取り組みはしていません。知的に障がいのある方は、能力の有無にかかわらずルーティンな仕事があてがわれる等、健常者の下支えをする構図ができてしまい、両者には知らずのうちに上下関係が生まれているように感じます。「健常者に従うべき」と思い込んでいる人も多いようです。そこで共同制作をした時に、意図せず障がいのあるアーティストが影響下に置かれてしまう危険性があります。関わり方によっては障がいのあるアーティストがまねをしてしまい、それが習慣化するケースも考えられます。

気持ちの高揚や憧れなど、ポジティブな影響を享受できる人もいます。その反面、一時的な出来事なので、その高揚感は日常的に持続できず、それがストレスとして日常生活へ影響を及ぼすことも考えられます。

全員が共同制作に向かないとは思いませんが、リスクがある限り、インカーブではそのような取り組みはしません。二五名のアーティストが共同生活を送る中で、嫉妬や葛藤は必ず生まれます。それを、できるだけ小さくすることが、スタッフの役目です。

絵を描かない（希望しない、描けなくなった）人はどうしているのでしょうか？　利用者（アーティスト）と契約する際の基準は何でしょうか？

絵を描いていない方に対しては、ご本人が絵を描きたくなるまで待っています。契約する際の基準は、描くこと、つくることが好きだということです。決して作品のクオリティに注目しているわけではありません。

インカーブ所属アーティスト以外の開拓、販売、プロデュースはしないのですか？

知的に障がいがあるアーティストの場合、作品を展示販売するだけでなく、日常生活のケアも大切です。現在のインカーブのアーティスト二五名以上は私の目が行き届かず、それぞれの制作や体調、気持ちを慮ることが難しくなると考えます。

今中さんが「これから事業を始めるなら、アート以外の逃げ道があるほうが良い」とおっしゃっていましたが、なぜでしょうか？　アートに特化したインカーブに魅力を感じています。

「アート」に特化したインカーブは、ある意味とても排他的です。アーティスト（利用者）は「アートが好きだ」という方しか入れませんし、スタッフもアートとデザインに理解のある方しか参加できない。もしアート以外の道があれば、利用できる方もスタッフのなり手も増えるのではないか、などと考えています。ただ、特化した事業にはなりにくいでしょう。

インカーブが今後そのように方向転換をすることは無いと思いますが、これから新しく事業を始める方は、アート以外の逃げ道＝選択肢について考えてみてもいいかもしれません。

スタッフのモチベーションを高め、持続させるために大切にされていることはありますか？

自分の得意なところで役目を果たすというのが、いいような気がします。そのためには、自分の得意、不得意を知ることが肝心です。若いうちに様々な種類の仕事を経験し、その上でそれぞれの持ち味を活かせるポジション、役目をみつけるのが理想的だと思います。その人に取って代われない役目が仕事の中にある方が、モチベーションは持続できると思います。

作品を市場につなげるためのヒント集

HINTS FOR CONNECTING **ARTWORKS** TO **MARKET**

＊2017年9月24日に発行した『作品を市場につなげるためのヒント集』を改訂し、掲載します。

アトリエ インカーブでは、
知的に障がいのあるアーティストたちが、
日々それぞれのペースで創作活動に取り組んでいます。
生み出される作品も、作品にこめる想いも、アーティストによってちがいます。
誰に見せることもなくひたすらつくることだけを望むアーティストもいれば、
海外に飛び出して活躍したいと夢見るアーティストもいます。

このヒント集は、アトリエ インカーブのアート市場への実践のなかでも、
特にアートフェアという舞台に焦点をあててつくりました。
日常的な仕事からフェアに向けての準備や現場の取り組みまでまとめています。
わたしたちの挑戦が、障がいのあるひとたちと社会福祉に携わるひとたちにとって、
ひとつの可能性となることを願っています。

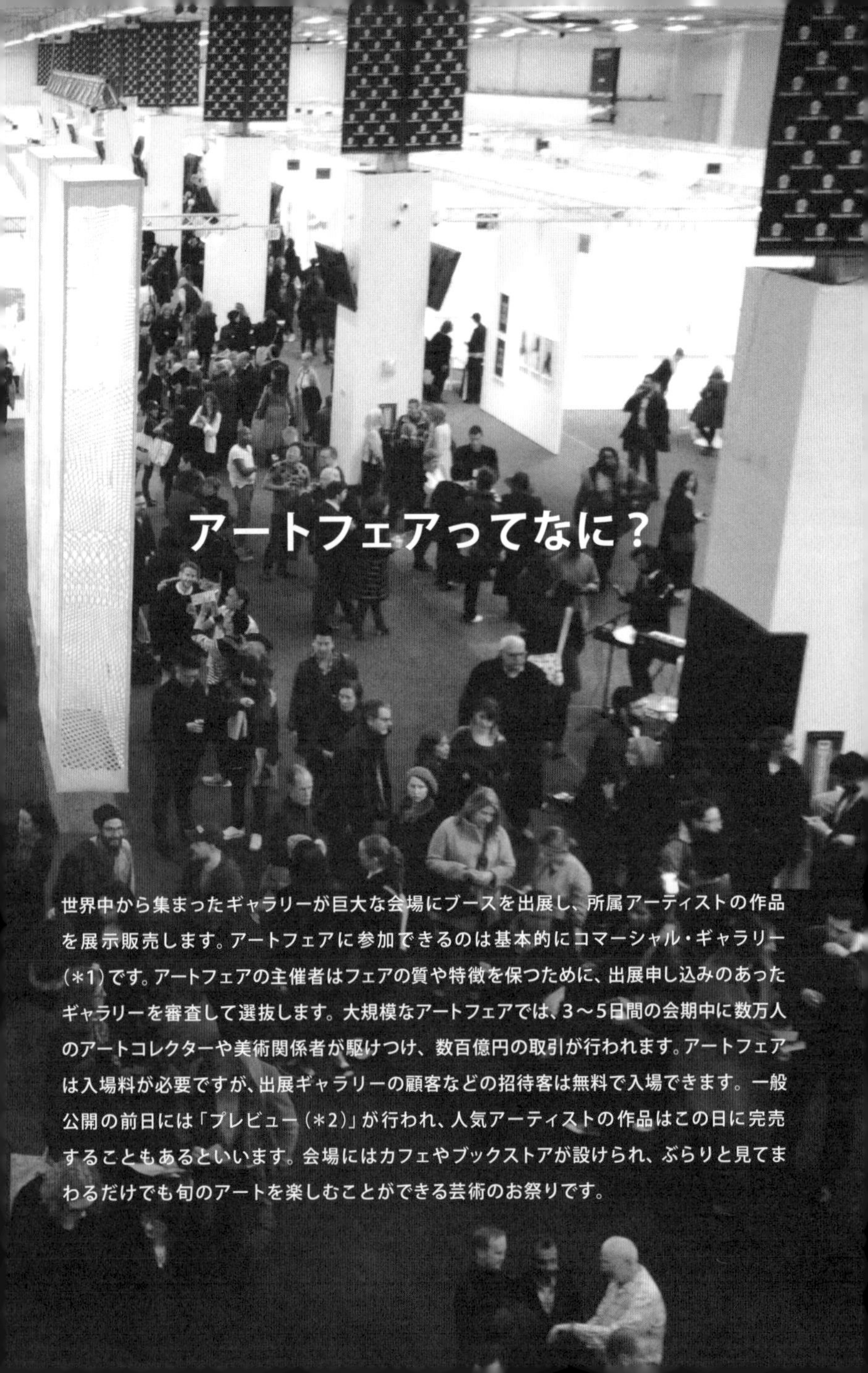

アートフェアってなに？

世界中から集まったギャラリーが巨大な会場にブースを出展し、所属アーティストの作品を展示販売します。アートフェアに参加できるのは基本的にコマーシャル・ギャラリー（＊1）です。アートフェアの主催者はフェアの質や特徴を保つために、出展申し込みのあったギャラリーを審査して選抜します。大規模なアートフェアでは、3～5日間の会期中に数万人のアートコレクターや美術関係者が駆けつけ、数百億円の取引が行われます。アートフェアは入場料が必要ですが、出展ギャラリーの顧客などの招待客は無料で入場できます。一般公開の前日には「プレビュー（＊2）」が行われ、人気アーティストの作品はこの日に完売することもあるといいます。会場にはカフェやブックストアが設けられ、ぶらりと見てまわるだけでも旬のアートを楽しむことができる芸術のお祭りです。

＊1… ギャラリーは大きく2つのタイプに分かれます。場所貸しだけのレンタル・ギャラリー（貸画廊）と、ギャラリーとアーティストが契約を結び作品を展示販売するコマーシャル・ギャラリー（企画画廊）があります。

＊2 … 一般公開に先駆けて、ギャラリーやアートフェア主催者の招待客や報道関係者が来場し、作品をゆったりと鑑賞・購入する機会です。

日常の仕事：作品の保護と管理

① 作品完成

作品が完成したら、［作品タイトル・完成日］を作品の裏面に記入します。アーティストが自分で書く場合と、スタッフが記録する場合があります。作品タイトルを決めないアーティストの場合は、［タイトルなし／Untitled］としています。

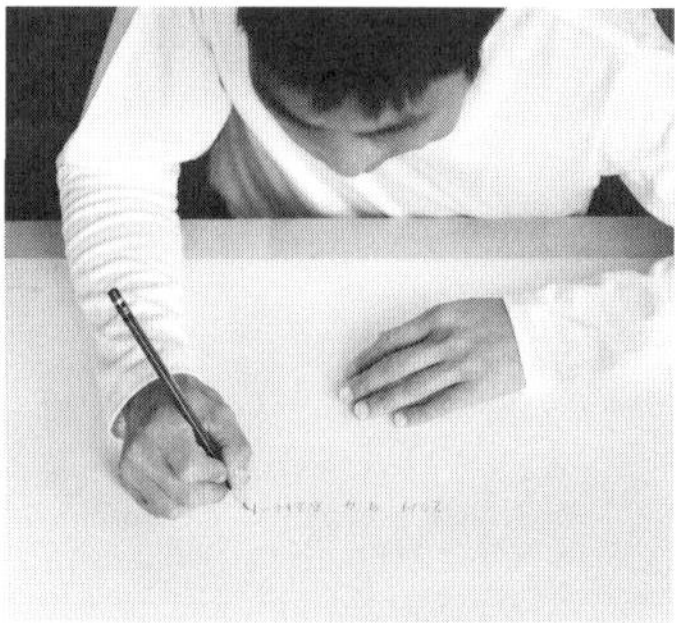

② 作品情報の聞き取り

作品完成時に、モチーフなど作品に関する情報を（可能であれば）アーティストから聞き取ります。制作期間や使用画材などもひかえておき、アートフェアでお客さまに作品をご紹介する時に活用します。

③ 作品を画像データ化

作品をスキャン、もしくは撮影し、データ化します。スキャナーに収まらない大きな作品は、デジタルカメラで撮影します。撮影したデータは、画像編集ソフト［Photoshop］を使用し、現物に近い色合いに調整します。

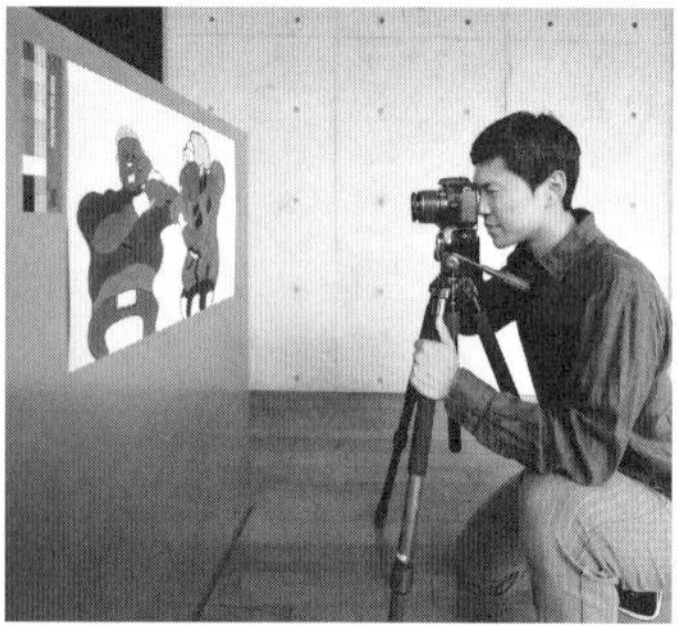

④ データベースに登録

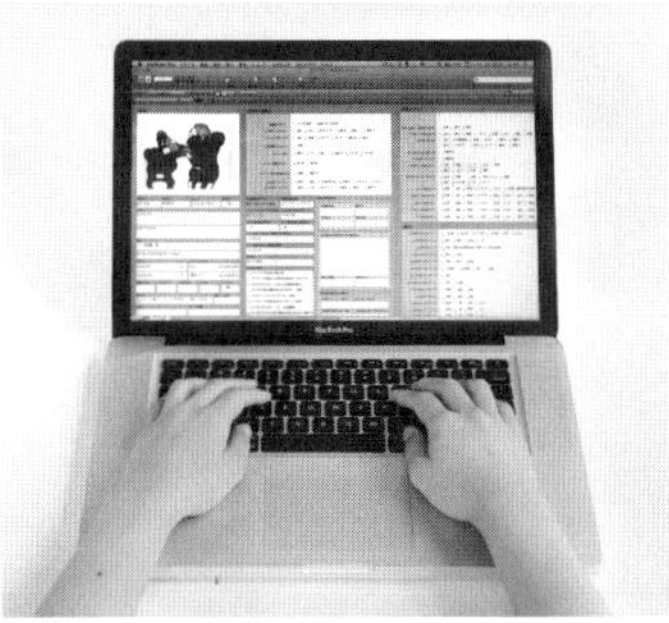

[作品タイトル・制作年・素材・サイズ]などをデータベースに登録します([File Maker]というソフトを使用)。作品一点一点に[アーティストごとの作品通しナンバー]を付け、どの展覧会に出品したのか、どのお客さまに提案したのかなど、作品に関するすべての履歴を記録します。

⑤ 作品を保護

作品を保護紙で包み、作品情報のタグを貼ります。紙の作品は空気(酸)に弱いので、[無酸(中性)]の保護紙や保管箱を使用して紫外線・湿気・虫などから守ります。また、画材は劣化しやすいものを避けて用意しますが、なかにはそれを好むアーティストもいます。その場合は、販売時にお客さまにお伝えします。

⑥ 作品を管理

作品情報のタグとデータベースを基に、アーティストごとに作品を管理します。作品をどこに保管しているかを、きちんと把握しておくことで、アートフェアの出品作品をスムーズに選定できます。また、データベースは常にバックアップをとっておくのを忘れずに。

日常の仕事：アーティストの希望を聞き取る

「発表したい・販売したい」という意思表示がある。

販売したい作品と、手元に置いておきたい作品をアーティストに決めていただきます。年に一度は作品の販売可否を見直したいという人もいます。

「作品を手放したくない」という意思表示がある。

すべての作品を非売として扱います。「人に見せたりグッズ化するのはOK」という場合は、展覧会への出品や商品化などの二次利用のみを提案します。

販売についての理解や意思表示・確認がむずかしい。

日頃の創作の様子や、作品に対するこだわりをふまえた上で、代理人やご家族とも相談し、発表や販売についてより慎重に検討します。

！注意点！

アーティストへの告知は慎重に

作品の選定は外部に委ねているため、発表や販売の機会は均等ではありません(P.186［3 出品するアーティストと作品を選ぶ］を参照)。アーティストにとって「自分の作品を見てもらえる・買ってもらえる」ということが喜びや期待となる一方で、不安になったり戸惑ったり、次に選ばれなかった時に動揺することもあります。また、選ばれたアーティストを見て、選ばれなかったアーティストが悲しみを抱えることもあります。アトリエ インカーブでは創作に集中できる環境を守るために、アーティスト一人ひとりの表情を見ながら慎重に伝えるようにしています。

非売作品について

作品の販売可否を決めるのはアーティストですが、アトリエ インカーブの判断でアーティストに非売を提案する場合もあります。アーティストの制作をよく見ていると、その作風に変化が生じる瞬間がおとずれます。将来個展や回顧展を開催する時には、そういった転換期の作品が意味を持ちます。そのため、重要な作品が散逸してしまわないよう、手元に残しておくようにお勧めしています。あくまでもアーティストの意思を尊重し、時間をかけて検討します。

アーティストの権利について

作品の制作者には、［著作者人格権］や［著作権(財産権)］が自動的に発生します。どちらもアーティストにとって大切な権利なので、作品の発表・販売・商品化については、その都度アーティストに意向を尋ねています。意思表示・確認がむずかしい場合は、代理人やご家族も交えて相談します。

アートフェアの申請と準備

1　アートフェアをしらべる・視察する

国内外で大小さまざまなアートフェアが開催されています。フェアによってテーマ・個性があり、展示されている作品の作風、売れ筋の価格帯、出展費用やブースの仕様が異なります。まずは、どのフェアが自分たちのギャラリーやアーティストに合っているのかを調査します。できれば、実際に足を運んで会場の雰囲気を感じてみます。（P.194・195［アートフェアの比較表］を参照）

2　募集要項を入手する

出展したいフェアが決まれば、募集要項を入手します。ほとんどのフェアは申請期間中にウェブサイトからダウンロードが可能です。フェアや出展する部門によって、ギャラリーやアーティストに求める要件が異なります。［年○回以上展覧会を開催］［開廊して○年以上］［○歳以下のアーティスト］などの条件を募集要項で確認します。

3　出品するアーティストと作品を選ぶ

アトリエ インカーブでは、アーティストや作品の選定を［アートやデザインの世界に精通している外部の人］に委ねています。身近な立場のスタッフが選ぶとなると、アーティストが動揺し、創作活動に影響が出る場合もあるからです。第三者に依頼することで客観性・公平性を保つことができ、違った目線からの新たな発見につながります。

4 申請書をつくる

出品するアーティストと作品を決めながら、展示のプランを立てていきます。申請書では［ギャラリーの経歴・アーティストの経歴・展示プラン・作品画像］などを提出することが多いです。ギャラリーとアーティストの魅力をアピールして、フェアの主催者に「このギャラリーに参加してほしい！」と思ってもらえるように工夫します。

5 出展が決まれば、準備を進める

フェア事務局から合格通知が届けば、次は出展の準備です。作品を額装する・画材やモチーフの情報をまとめて資料を作る・価格を決めるなど、準備は多岐にわたります。作品を丁寧に扱うためには専門的な技術と知識が必要なので、アトリエ インカーブのスタッフの大半は学芸員資格を取得しています。

6 必要なところは外部に委託する

会場への作品運搬は、美術輸送専門の会社に依頼しています。サイズや重量によっては自分たちで運ぶこともできますが、作品保護や国外での税関手続きなどを考慮すると専門業者へお任せした方が安心です。海外フェアの会場へは通訳者を同伴します。アーティストの制作や作品を事前にレクチャーすることで、的確な通訳につながります。

⑨展示道具

メジャー・フック・金槌・滑り止め付き軍手など、展示に必要な道具を想定して持参します。

⑩作品取り扱い用の白手袋

作品に直に触れる場合は、手の油分で汚してしまわないように、白手袋を着用します。

⑪名刺とご記帳用紙

接客したお客さまには名刺をお渡しします。お客さまの連絡先をいただくご記帳用紙も用意します。

⑫会場配布資料

[展示作品とアーティスト情報・ギャラリー情報]をまとめた資料を作成し、お客さまにお渡しします。

⑬パンフレット・画集など

より深く興味をもってくださるお客さまには、パンフレットや画集をお渡しします。

⑭プレゼント用のグッズ

作品を購入してくださったり、アーティストのファンになってくださった方に、ギフトとしてお渡しします。

⑮作品証明書

作品が本物であるという証明書です。アーティスト直筆の署名を入れ、お客さまとギャラリーで1部ずつ保管します。

⑯作品の購入に関するチェックシート

[著作権・作品の貸し出し]などについてお伝えし、お客さまの署名と連絡先を記入していただきます。

アートフェアの会場で必要なもの

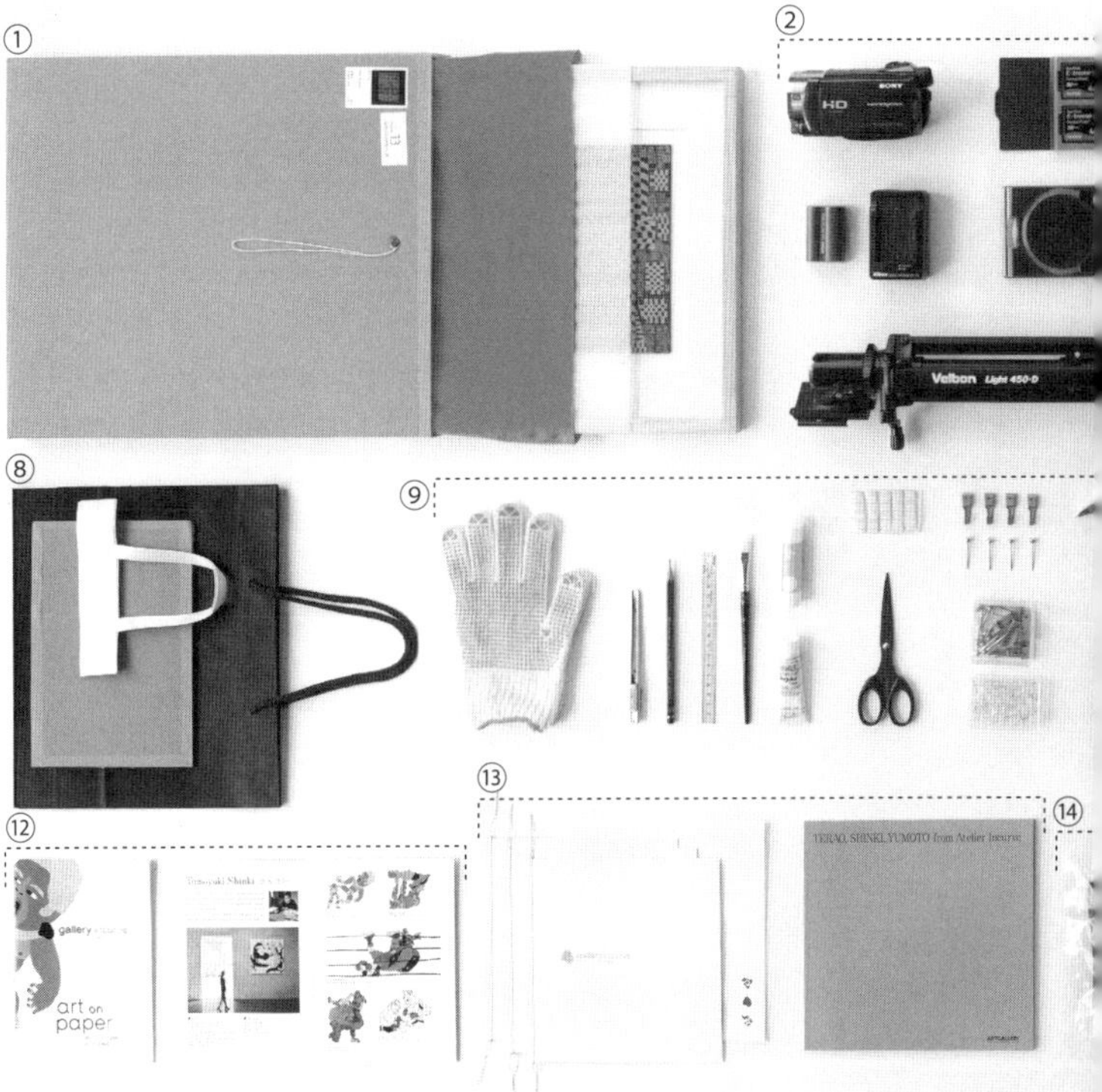

①作品

傷や汚れがつかないように、額を緩衝材に包んで〈黄袋〉という布袋に入れ、厚紙製の外箱に入れます。

②カメラ・ビデオカメラ

フェアへの出展は重要な経歴となるので、会場やブース内の様子を写真と映像で記録します。

③ノートパソコン・タブレット端末

作品の情報や制作の様子がわかる映像を、ノートパソコンとタブレット端末に入れて持っていきます。

④クレジットカード決済ツール

クレジットカードのご利用は手数料が発生しますが、その場で決済が完了するので、便利で安心です。

⑤キャプション

[作家名・作品タイトル・制作年・素材・価格]を記載して、作品近くの壁に設置します。

⑥購入時の印（丸シール）

購入作品は、キャプションやプライスリストに[赤丸シール]を、保留中の作品に[青丸シール]を貼ります。

⑦プライスリスト（価格表）

出品作品を一覧できる価格表です。

⑧梱包資材

その場で持ち帰りを希望されるお客さまのために、梱包資材も用意しておきます。

いざ、アートフェアの本番へ

搬入・設営

会期の前日や前々日などが、搬入・設営日として設定されています。輸送会社と時間を調整して作品を運び込み、設営を行います。作品展示までを請け負う輸送会社もありますが、ギャラリースタッフが展示作業をできると、会期中の調整やメンテナンスも安心です。

お客さまとのお話

お客さまによって作品との向き合い方はさまざま。自分のペースで静かに観たい方もいれば、スタッフとあれこれおしゃべりしながら作品を選ぶ方もいらっしゃいます。お客さまの好みをお聞きするなかで、展示していない作品やアーティストをご紹介することもあります。

お客さまからの質問

よく質問されるのは「どんな画材を使っているの？」「何かを見て描いているの？」「完成までの日数は？」「アーティストは何歳なの？」「どこに住んでいるの？」などです。アーティストの創作を一番近くで見守っているのはスタッフなので、そのアーティストらしいエピソードを拾い上げてお客さまにお届けできるように心がけています。

世界中からやってくるアートコレクターやアートファンに向けて、アーティストと作品の魅力を存分にアピールします。お客さま一人ひとりとの出会いを大切に、会場に来ていないアーティストの分まで心を込めて接客します。お客さまと一緒にアーティストや作品の話をしていると、楽しくてあっという間に時間が過ぎてしまいます。

ご購入の対応

ご購入が決まれば［作品の購入に関するチェックシート(購入同意書)］に沿って、お支払いやお渡しのご希望を確認し、売買契約を結びます。お客さまからご承諾いただければ、どのような方が作品を購入されたのかをアーティストにお伝えするために、写真を撮らせていただきます。

会場の撮影

アートフェアへの出展はアーティストとギャラリーにとって重要な経歴です。会場全体・ブース内の展示・接客の様子など、さまざまなシーンを写真・映像の両方で記録し、今後の広報活動やアートフェアの出展申請時などに活用します。

ほかのブース・ほかのフェアの視察

世界中からギャラリーが集まるアートフェアは、情報収集にもってこいの場です。同じフェアに出ているギャラリーが、どのような作品をどのくらいの価格で販売しているのか、作品の見せ方や接客の仕方はどうなのか。同時期に開催されているほかのフェアがあればあわせて見て回り、販売や接客のヒントを探します。

アートフェアが終わってから

アーティストへ報告とお支払い

写真や映像を見せながら、アーティストにフェアの様子と販売結果を報告します。作品が販売された場合は、[作品販売額から必要経費を差し引いた金額]をアーティスト個人の銀行口座に振り込みます。小さな疑問や不安を見逃さないように、アーティストごとの担当スタッフが同席して、その後の様子を見守ります。

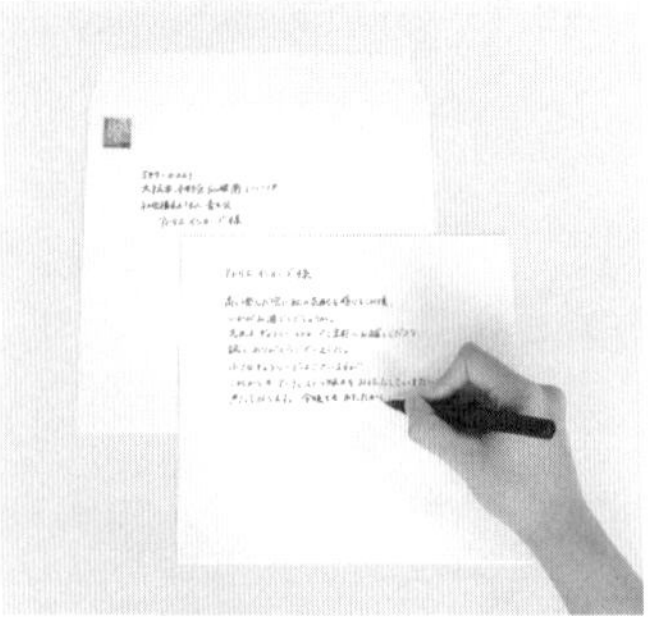

お客さまへお礼

作品を購入されたお客さまはもちろん、興味を持ってくださったお客さまやお世話になった方に、手紙やメールでお礼をお伝えします。活動を応援してくださる方々は、アーティストやギャラリーにとってとても大切です。ファンを地道に増やしていくことも、スタッフができるサポートのひとつです。

顧客情報の登録と今後のお知らせ

会場でお会いしたお客さまの情報を整理して、データベースに登録し、今後の展覧会やアートフェアのご案内をお送りします。アーティストの展覧会を追いかけてくださったり、作品を繰り返し購入してコレクションしてくださるお客さまもいらっしゃるので、一つひとつの出会いを大切にしています。

価格の設定と見直し

アトリエ インカーブの作品価格は、はじめて値付けが行われたニューヨークでの価格を基準として、素材・サイズ・制作日数・展覧会歴などをふまえて設定しています。アートフェアでの販売実績も考慮し、年に一度ほど価格を見直しています。価格が上がればアーティストに入る収入も多くなりますが、お客さまが購入したいと思う価格とかけ離れてしまうと、作品は売れなくなってしまいます。そして、一度上げた価格を下げることは基本的にできません。アーティストの価値を下げることになり、ギャラリーの信頼を失うことにもつながるからです。アート市場で作品を販売するためには、アート市場で適切とされる価格を設定することが必要です。作品価格の設定はむずかしいものですが、アーティストの利益を守るためにも、普段からギャラリーやフェアに足を運び、アート市場の感覚を肌で感じるように心がけています。

アトリエ インカーブがこれまでに出展・調査したアートフェアの概略です
●＝インカーブ出展 ○＝インカーブ申請

開催時期	開催回数	前回出展軒数	前回来場者数	ブースサイズ
3月	14回	160軒	60,700人	10～30㎡
7月	16回	54軒	2,700人	20～43㎡
2月	9回	26軒	1,400人	23～41㎡
3月	7回	242軒	88,000人	25～130㎡
3月	5回	107軒	37,000人	25～120㎡
4～5月	14回	190軒	120,000人	20～36㎡
10月	17回	174軒	63,000人	25～120㎡
10月	25回	135軒	70,000人	42～100㎡以上
12月	6回	47軒	8,000人	21～40㎡
12月	17回	268軒	83,000人	35～140㎡
12月	16回	125軒	―	4～27㎡
3月	25回	198軒	57,000人	19～112㎡
3月	11回	85軒	―	9～33㎡
5月	8回	190軒以上	―	25～120㎡
3月	7回	100軒	―	4～27㎡
3月	5回	100軒	25,000人	13～54㎡
3月	19回	60軒	―	18～112㎡
6月	49回	290軒	95,000人	30～120㎡
10月	45回	195軒	75,000人	18～80㎡
10月	16回	160軒	60,000人	―
4月	53回	176軒	57,000人	20～180㎡

アートフェアの比較表

	アートフェア名		ウェブアドレス
日本	アートフェア東京	●	https://artfairtokyo.com
	アート大阪	●	https://www.artosaka.jp
	アート名古屋		http://www.artnagoya.jp
アジア	アート・バーゼル・香港（中国）	○	https://www.artbasel.com/hong-kong
	アート・セントラル（香港・中国）		http://artcentralhongkong.com
	アート北京（中国）		http://www.artbeijing.net
	キアフ（ソウル・韓国）		http://kiaf.org
	アート台北（台湾）	○	https://art-taipei.com
	アート高雄（台湾）	○	http://www.art-kaohsiung.com
アメリカ	アート・バーゼル・マイアミビーチ	○	https://www.artbasel.com/miami-beach
	ナダ・マイアミビーチ	○	https://www.newartdealers.org/fairs/2019/miami
	アーモリー・ショウ（ニューヨーク）	○	https://www.thearmoryshow.com
	ヴォルタ・ニューヨーク		https://ny.voltashow.com
	フリーズ・ニューヨーク	○	https://frieze.com/fairs/frieze-new-york
	ナダ・ニューヨーク	○	https://www.newartdealers.org/fairs/2018/new-york
	アート・オン・ペーパー（ニューヨーク）	●	https://thepaperfair.com
	スコープ・ニューヨーク	●	https://scope-art.com
ヨーロッパ	アート・バーゼル（スイス）		https://www.artbasel.com/basel
	フィアック（パリ・フランス）	○	https://www.fiac.com
	フリーズ・ロンドン（イギリス）		https://frieze.com/fairs/frieze-london
	アート・ケルン（ドイツ）		http://www.artcologne.com

［開催回数］は2019年7月1日時点ですでに開催された回数です。
［ブースサイズ］は2017年9月1日時点の情報です。
［アート・ステージ・シンガポール］は2019年以降開催されていません。
＊開催時期やブースサイズは変更される場合がありますので、各ウェブサイトなどで最新情報をご確認ください。

アートフェアのお金のこと

アートフェアに出展するためには、お金もたくさんかかります。特に海外のフェアとなると、作品の輸送費やスタッフの渡航費だけでも費用がふくらみます。安定してフェアへ参加しつづけるためには、資金調達も重要な課題です。アーティストに少しでも多くのチャンスが生まれるように、アトリエインカーブでは委託制度を活用したり、助成制度によるサポートをいただいてきました。その一部をご紹介します。

公的機関の活用できる事業・制度

文化庁

〈委託事業〉

戦略的芸術文化創造推進事業

http://www.bunka.go.jp/seisaku/geijutsubunka/jutenshien/senryaku

障害者による文化芸術活動推進事業

http://www.bunka.go.jp/seisaku/geijutsubunka/shogaisha_bunkageijutsu/1415126.html

委託事業とは「国の事務、事業等を他の機関又は特定の者に委託して行わせる場合にその反対給付として支出する経費」。つまり、国の本来業務を国に代わり受託機関が実施するものです。

〈補助事業〉

優れた現代美術の海外発信促進事業

http://www.bunka.go.jp/seisaku/geijutsubunka/kokusai/kaigaihasshin

補助事業とは「国が特定の事務、事業に対し、国家的見地から公益性があると認め、その事務事業の実施に資するため反対給付を求めることなく交付される金銭的給付」。補助事業者の事業への財政援助の作用を持ちます。

参照：文化庁「委託費と補助金の違い」

民間企業・財団法人などからのサポート

民間企業・財団法人

公益財団法人ヤマト福祉財団
障がい者福祉助成事業

https://www.yamato-fukushi.jp

社会福祉法人丸紅基金
社会福祉助成金

http://www.marubeni.or.jp

日本郵便株式会社
年賀寄附金配分事業

https://www.post.japanpost.jp/kifu

ほかにも数多くの民間財団法人等が随時申請を募集しているので、それぞれ募集要項を確認して申請します。

クラウドファンディング

Readyfor（レディーフォー）

https://readyfor.jp

CAMPFIRE（キャンプファイヤー）

https://camp-fire.jp

Makuake（マクアケ）

https://www.makuake.com

＊2019年7月1日時点での情報です。最新情報は各ウェブサイトなどでご確認ください。

Ryosuke Terai

あとがき

「閉じながら〝ときどき〟開く」

アーティストと話し、昼ごはんを食べ、制作用の画材を揃え、〝ときどき〟アートフェアに出展してきました。本書でご紹介したニューヨークと東京のアートフェアは、その時その時のインカーブの非日常です。

他方、社会福祉を生業にする人たちは、常日頃からつながることを要請しがちです。頭から否定するつもりはないですが、つながりすぎ、共感を求めすぎではないでしょうか。私たちが同伴する方々は、生活に困りごとのある知的障がい者です。つながりすぎることで心がザワザワする方がいます。つながりが切れた後でもザワザワが消えず制作が中断、頓挫するアーティストをたくさん見てきました。それは、外野（親や兄弟、施設関係者など）が「良かれ」と思った共感づくりが度を越した結果なのです。また彼らの作品ではなく、身体的、精神的特徴を特別なものとして崇めたり、研究目的で展覧会が開かれています。それは、さながら人間動物園のようです。

従来、社会福祉の事業者は、「共感的消費者」にアプローチしてきました。ただ、その範囲はとても狭く、見慣れた仲間うちに限られています。共感的消費者だけに依存し続ければ、マーケットは永遠に広がることはないでしょう。これが社会福祉の市場化の限界点です。

その限界点を超えようとする試みは、いたるところで綻びを露呈してきました。その一つが、安価で作品を買い漁る、一部の民間ギャラリストです。二束三文で作品を買い叩いて、アートマーケットが成立している海外で高く売る。作品がどのようにカテゴライズされ、意図しない説明がなされていることもアーティストには知らされずに。原因の一端は、アーティストと作品を守るべき施設職員のマネジメントがプロ化されていないことです。さらに付け加えるなら、親の「こんな子の描いた作品を買ってくださるなんて、ありがたい、申し訳ない。タダでもどうぞ」という過剰すぎる謙遜。それをパターナリズムとも言えなくもない。はたして、その子は親の意見に同意しているのでしょうか。タダでもどうぞと思っているでしょうか。私はそうは思いません。その子はアーティストとして、作品に対する主張、愛着が人一倍あるはずです。

ところで、人間どうしがつながり合える最適人数はどれくらいだと思いますか。京都大学の山極寿一総長は一五〇人程度だといいます。それは年賀状を書く時に思い出せる数だとか。共に感動し、苦しみを分け合う人数はたかがしれているのです。インカーブが掲げる「つながりすぎない社会福祉」は、にわか共感、うわべ共感に惑わされない術とも言えます。それは「閉じながら〝ときどき〟開く」ことで実現できます。このような引きこもり型のインカーブスタイルは、昨今のつながりを最重視するコマーシャリズムや地域福祉とは逆行するかもしれません。しかしこのスタイルだからこそ、多様なアーティストが集い、アートと社会福祉の専門職であるスタッフが潤沢に育ったのだと思います。

インカーブが活動するアートには、三つの価値があるといわれています。一つ目は、アーティストの名声やステイタスが付随した「社会的価値」。二つ目は、美しさの「本質的価値」です。個人的な趣味嗜好が優位にある作品そのものの価値といえるでしょう。三つ目は、作品が金銭的にいくらになるかという「商業的価値」です。三つの価値は時代や文化によってたえず影響を受け、与え、変動します。

しかし、国が進める障がい者の芸術文化を支援する事業や法律も「商業」を射程においたプランではありません。本書でも繰り返し述べてきた「市場は作品を価値化する」ことに思いを馳せてほしいと思います。そもそも市場と福祉は、本当に水と油なのでしょうか。松井さんは二宮尊徳の「経済なき道徳は戯言であり、道徳なき経済は犯罪である」という言葉を引きます。市場が必要としているのは狡猾な弱肉強食だけではない道徳原理であり、福祉が必要としているのはお涙ちょうだいの経済原理ではないということです。

インカーブの事業の目的は、知的に障がいのあるアーティストの日常が作品制作を通して平安であることです。そして彼らの作品に尊厳を取り戻すこと、それに伴って市場で正当な評価を得ることです。障がいは、既に特別ではありません。日本人の約一四人に一人に何らかの障がいがあり、自己申告しない、できない（障害者手帳を申請しない、障害支援区分の認定を受けないなど）障がい者を合わせるとその人数は膨大なものになります。加えて特筆すべきは障がい者の所得の低さです。相対的貧困線以下が八一・六％にのぼります。国民全体では、一六％程度なので、実に障がい者は五倍以上。所得の低さは、単独の自立生活を困難にしています。障がいのある人の生活保護の受給率は国民一般の六倍以上だと言われています。もはや彼らをカテゴライズし特別扱いすることはできません。彼らを「今ある人的資源」と認め、ていねいに育てる必要があることは言うまでもないでしょう。

これまでの経済学で市場といえば需要と供給でしたが、二〇一〇年のノーベル経済学賞を受賞した「サーチ理論」は、「自分にあった相手を探すことで『市場』が成立する」ことを示してくれました。好きな人がいれば手を組めばいいし、嫌いな人なら手を切ればいい。選択肢の多い市場では「差別をしない取引」が可能です。つまり、市場の中には社会的に弱い人だから差別をするという行動規範は薄いのです。ゆえに、しがらみも少ない。だからこそ市場は、国を超えて人と人をつなげていくのです。

問題は、どの程度の市場化（開き方）をするかです。共感的消費者だけにアプローチしていては、広がりません。狭くて逃げ場所のないコミュニティは差別がはびこります。かといって、つながりすぎ、共感を求めすぎては、綻びが出てきます。身の丈にあったいい塩梅。そこがポイントです。

一方で市場はエラーもします。市場は自由だから何をしてもいいという人が現れると、市場は崩壊してしまいます。「お互いのためにならない取引はしない」という至極当然のことを肝に命じておくべきでしょう。松井さんも言われたように、まさに近江商人の理念である「三方よし」の場合のみ取引をすることです。

インカーブでは、社会福祉事業として障がい者の芸術文化活動を進めていくために「閉じながら〝ときどき〟開く」ことを心がけてきました。先述したように、私たちの事業の目的は、知的に障がいのあるアーティストの日常が作品制作を通して平安であることです。スタッフの外に向かう仕事が増えれば、アーティストの心はザワザワとゆらぎ、制作の手が鈍る可能性が出てきます。スタッフの大切な仕事の一つに、アーティストの心の波を少なく抑える慮りがあります。外へ向かう仕事は全体の一割でじゅうぶん。残りの九割を内へ向かう仕事に配分することが理想型だと思っています。

アートの商業的価値を慮ることは、共感を超える市場につながります。その実現のためには、つながりすぎないこと、共感を求め過ぎないことではないでしょうか。

二〇一九年八月

今中博之

【シンポジウム登壇者・著者】

松井彰彦（まつい・あきひこ）
経済学者／東京大学大学院経済学研究科教授。専門はゲーム理論とそれを応用した社会的障害の分析。2002年日経・経済図書文化賞（著書『慣習と規範の経済学』に対して）、2006年日本学術振興会賞及び日本学士院学術奨励賞、2007年日本経済学会中原賞を受賞。主な著作に『慣習と規範の経済学――ゲーム理論からのメッセージ』（東洋経済新報社）、『市場の中の女の子――市場の経済学・文化の経済学』（PHP研究所）、『不自由な経済』（日本経済新聞出版社）などがある。共著に『障害を問い直す』（東洋経済新報社）などがある。

今中博之（いまなか・ひろし）
社会福祉法人 素王会 理事長／アトリエ インカーブ クリエイティブディレクター。公益財団法人東京オリンピック・パラリンピック競技大会組織委員会：文化・教育委員会委員等。厚生労働省・文化庁：2020年東京オリンピック・パラリンピック競技大会に向けた障害者の芸術文化振興に関する懇談会構成員等。イマナカデザイン一級建築士事務所代表。金沢美術工芸大学非常勤講師。偽性アコンドロプラージア（先天性両下肢障がい）。グッドデザイン賞など受賞歴多数。主な著書に『社会を希望で満たす働きかた――ソーシャルデザインという仕事』（朝日新聞出版）、『観点変更――なぜ、アトリエインカーブは生まれたか』（創元社）などがある。アトリエ インカーブ http://incurve.jp

神谷梢（かみたに・こずえ）
社会福祉法人 素王会 理事／アトリエ インカーブ チーフディレクター。法人の設立に携わり、アーティストの日常生活と創作活動をサポートしながら法人運営全般に従事している。社会福祉士・学芸員・保育士資格を有する。著書に『アトリエ インカーブ――現代アートの魔球』（創元社）がある。

林智樹（はやし・ともき）
アトリエ インカーブ チーフ。ギャラリー インカーブ｜京都（インカーブ専属のコマーシャルギャラリー）の立ち上げに携わり、作品の管理や国内外のアートフェア業務を担当。社会福祉士・学芸員の資格を有する。

三宅優子（みやけ・ゆうこ）
アトリエ インカーブ チーフ。国内外のアートフェア出展申請・展示プラン作成・現場対応などの業務に携わる。グラフィックデザインを担当。社会福祉士・学芸員の資格を有する。

共感を超える市場
つながりすぎない社会福祉とアート

2019年9月24日 初版第1刷発行

編著者　アトリエ インカーブ
発行者　今中博之
発行所　社会福祉法人 素王会
ビブリオ インカーブ
〒547-0023　大阪市平野区瓜破南1-1-18
Tel: 06-6707-0165　Fax: 06-6707-0175
E-mail: info@b-incurve.jp　URL: http://b-incurve.jp

発売　株式会社メディアパル
〒162-8710 東京都新宿区東五軒町6-24
Tel: 03-5261-1171
印刷・製本　図書印刷株式会社

公益財団法人森村豊明会　平成30年度 森村豊明会助成金
「教育・学術面」より助成いただきました。

Printed in Japan
ISBN978-4-8021-3160-5　C0036
定価はカバーに表示してあります。